Liebe Leserinnen und Leser,

»In Baden-Württemberg spricht man schwäbisch«. So denkt man oft, aber die Wirklichkeit ist bunter: Die Badener sind keine Schwaben, und nicht einmal alle Württemberger sprechen schwäbisch. Die Hohenloher im Norden von Württemberg sprechen zum Beispiel fränkisch.

Auch kirchlich ist in Württemberg manches besonders: In der evangelischen Kirche feiert man den Gottesdienst nicht nach der lutherischen Ordnung, sondern meist in der schlichteren Form des württembergischen Predigtgottesdienstes.

Anne-Kathrin Kruse

Kirchliche und sprachliche Besonderheiten sind historisch gewachsen. Württemberg und seine Landeskirche haben erst seit 200 Jahren ihre heutige Form. Vorher gab es hier einen bunten Teppich von verschiedenen Herrschaften und Territorien: große Fürsten und kleine Ritter und vor allem selbstbewusste Reichsstädte wie eben Schwäbisch Hall, die jeweils auch ein eigenes Kirchenwesen hatten.

In den Reichsstädten nahm man die Reformation begeistert auf. Sie bot den Bürgern die Gelegenheit, auch in der Religion zu leben, was ihr politisches Selbstbewusstsein prägte: ein unabhängiges Gemeinwesen, Bildung, Freiheit vom Zwang adliger Landesherren und Bürgerstolz, der keinen Papst brauchte, um vor Gott zu stehen.

Frank Zeeb

In Schwäbisch Hall wirkte Johannes Brenz als Reformator – einer der einflussreichsten Theologen jener Zeit. Seine Gedanken hatten Einfluss weit über seine Wirkungsstätte hinaus und prägen die württembergische Landeskirche bis heute. Seiner toleranten Haltung ist es zu verdanken, dass viele Kunstwerke in den Haller Kirchen in der Reformationszeit nicht zerstört wurden. Schwäbisch Hall ist nicht nur eine historisch bedeutsame Stadt, sondern auch ein lebendiges Zentrum mit einer bunten kulturellen Szene in einer besonders reizvollen Landschaft. Ein Besuch in Schwäbisch Hall lohnt sich immer – herzlich willkommen.

Ihre Anne-Kathrin Kruse
Herausgeberin

Ihr Frank Zeeb
Herausgeber

Inhalt

LANGE KUNSTNACHT — *Alle zwei Jahre lassen sich tausende Menschen begeistern, wenn Museen, Galerien und Kirchen für eine Nacht ihre Türen öffnen.*

GROSSCOMBURG — *Das ehemalige Kloster fügt sich wunderbar in die reizvolle Landschaft des Kochertals ein.*

FREUNDSCHAFTSFEST DES GOETHE-INSTITUTS — *Alljährlich feiern Menschen jeglicher Herkunft ein buntes Fest des friedlichen Zusammenlebens innerhalb des Hospitals und im dazugehörigen Innenhof.*

Schwäbisch Hall entdecken

—

VON UTE CHRISTINE BERGER

Goethes »Faust«, 2012 inszeniert auf der Großen Treppe von St. Michael

Das Globe-Theater

Freilichtspiele

Das Theaterspiel auf der Großen Treppe von St. Michael gehört zu den Markenzeichen von Schwäbisch Hall. Gegründet wurden die »Jedermann-Festspiele« 1925 von Robert Braun, dem damaligen Direktor des Haller Kurtheaters. Künstlerischer Anspruch und Unterhaltung verbinden sich beim Theatererlebnis unter dem Sternenhimmel. Hinzu kommen Stücke im Globe-Theater – einem einzigartigen Rundbau aus Holz auf der Kocherinsel, das dem Globe-Theater von Shakespeare nachempfunden wurde.

Intendant Christoph Biermeier stellt in jeder Saison ein Ensemble aus renommierten Theaterprofis aus ganz Deutschland zusammen. Schon die Proben, die ab Ende April mitten auf dem Marktplatz stattfinden, sind ein Erlebnis!

▸ Die Freilichtspiele finden von Juni bis August statt. Spielplan und weitere Informationen unter www.freilichtspiele-hall.de

Hällisch-Fränkisches Museum

Für dieses Museum sollten Sie sich Zeit nehmen! Das Hällisch-Fränkische Museum zeigt auf über 3000 m² Ausstellungsfläche Geschichte, Kunst und Kultur der Reichsstadt und ihrer Umgebung. Es erstreckt sich über sieben historische Gebäude im mittelalterlichen Stadtkern, die in raffinierter Weise miteinander verbunden sind. Von überregionaler Bedeutung ist die von Elieser Sussmann 1738/39 bemalte Synagogenvertäfelung aus Unterlimpurg (▸ S. 79).

▸ **Hällisch-Fränkisches Museum**, Im Keckenhof, 74523 Schwäbisch Hall, www.schwaebischhall.de/ Haellisch-Fraenk-Museum.283.0.html Öffnungszeiten: Dienstag–Sonntag 11.00–17.00 Uhr

---

WEITERE INFORMATIONEN

Touristik, Am Markt 9, 74523 Schwäbisch Hall, Telefon 0791.751620, Fax 0791.751621, www.schwaebischhall.de/erlebnisstadt.html

Öffnungszeiten:
Mai bis September: Montag bis Freitag 9.00–18.00 Uhr, Samstag und Sonntag 10.00–15.00 Uhr, Oktober bis April: Montag bis Freitag 9.00–17.00 Uhr

Willkommen in Schwäbisch Hall

VON HERMANN-JOSEF PELGRIM

Der Innenraum der Johanniterkirche

Johanniterkirche

Ein Glück, dass eine hochkarätige Sammlung Alter Meister einen solch würdigen Raum gefunden hat! Die Johanniterkirche aus dem 12. Jahrhundert wurde im November 2008 nach umfassender Sanierung durch die Würth-Gruppe als Museum eröffnet. Das original gotische Dachwerk von 1400/01 ist das älteste seiner Art in Süddeutschland. Die Ausstellung zeigt unter anderem den ehemals Fürstlich Fürstenbergischen Bilderschatz. Seit 2012 bereichert die »Madonna des Bürgermeisters Jacob Meyer zum Hasen« von Hans Holbein dem Jüngeren (▸ S. 76) die Sammlung.

▸ **Johanniterkirche**, Im Weiler 1, 74523 Schwäbisch Hall, www.kunst.wuerth.com
Öffnungszeiten: Dienstag bis Sonntag 11.00–17.00 Uhr, Eintritt frei

---

▸ **UTE CHRISTINE BERGER**
ist Kulturbeauftragte der Stadt Schwäbisch Hall.

Als der Rat der Reichsstadt Schwäbisch Hall 1522 einen neuen Prediger an St. Michael berief, dürfte er um die Konsequenzen gewusst haben. Johannes Brenz war ein Anhänger Martin Luthers. Ein solcher Mann vertrug sich nicht mit einem »Weiter so« im (übrigens florierenden) spätmittelalterlichen Kirchenwesen der Stadt.

Der Bruch trat schon ein Jahr später ein, als Johannes Brenz gegen den Heiligenkult predigte. Danach ging es relativ schnell: An Weihnachten 1526 teilte Brenz das Abendmahl in beiderlei Gestalt aus. Ab Mitte 1530 prägte der Protestantismus Schwäbisch Hall – und das die kommenden 400 Jahre lang.

Heute hat bürgerschaftliches Engagement einen Förderverein und eine Stiftung zum Erhalt der mittelalterlichen Kirchen hervorgebracht. Hall ist aber mittlerweile auch Heimat für Menschen aus über 115 Ländern mit ihren verschiedenen Kulturen und Religionen. In der Johanniterkirche sind die Alten Meister der Sammlung Würth und die Schutzmantelmadonna ausgestellt. Und vor den Toren der Stadt prägt die fast 950 Jahre alte, katholische Comburg auf der einen Seite, die 2004 errichtete Mevlana-Moschee auf der anderen Seite das Landschaftsbild.

Schwäbisch Hall ist ein Ort der Reformation. Schwäbisch Hall ist aber vor allem auch ein Ort, der bunt, friedlich und weltoffen ist, der Tradition und Moderne verbindet und an dem es viel zu entdecken gibt – eben die vermutlich kleinste Metropole der Welt. ●

▸ **HERMANN-JOSEF PELGRIM**
ist seit 1997 Oberbürgermeister von Schwäbisch Hall.

STADTFÜHRUNG

In Schwäbisch Hall hat sich in den vergangenen Jahrhunderten viel verändert. Dennoch gibt es kaum eine Stadt in Südwestdeutschland, in der so viele Häuser und Denkmäler aus dem Mittelalter und der Zeit der Reformation erhalten sind.

Eine Wanderung durch die Jahrhunderte

Die Reichsstadt Schwäbisch Hall

—

VON ANDREAS MAISCH

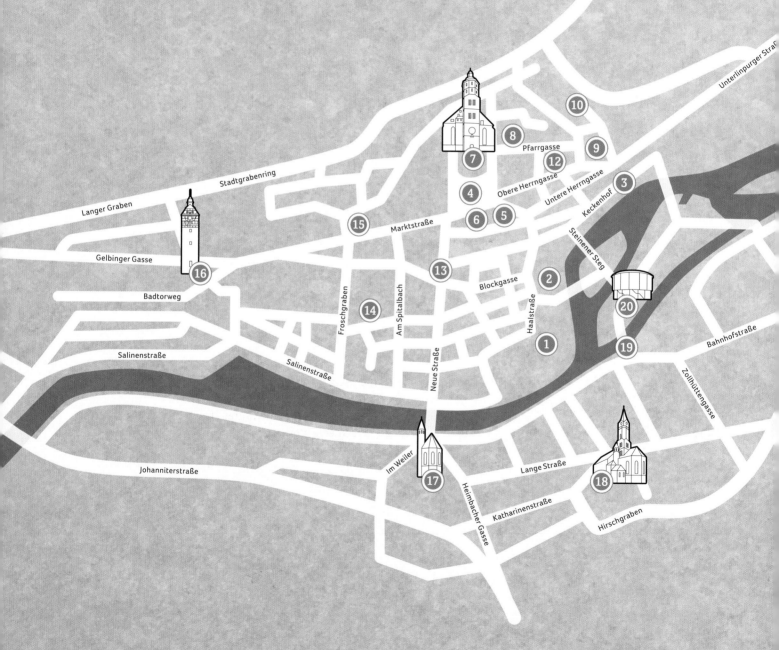

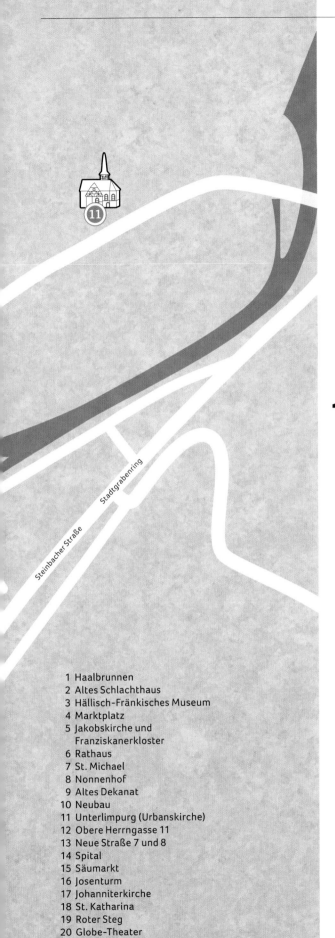

Ausgangspunkt der städtischen Entwicklung in Schwäbisch Hall war der heute unscheinbare Haalbrunnen ①. Schon in der Latène-Zeit (4. bis 1. Jahrhundert v. Chr.) hatten Kelten an der Stelle der heutigen Stadt eine bedeutende Salzsiederei betrieben. Die Sole war damals etwas oberhalb vom heutigen Hafenmarkt an die Oberfläche getreten. Dort fand man 1939 beim Bau des Sparkassengebäudes die Reste der Saline. Für die folgenden Jahrhunderte ließ sich bislang eine Nutzung der Sole nicht beweisen.

Erst im 11. Jahrhundert n. Chr. scheint das Sieden von Salz in Hall wieder in Gang gekommen zu sein. Das stand vermutlich im Zusammenhang mit der Anlage der Comburg als Höhenburg um die Mitte des 11. Jahrhunderts. Die Erbauer der Burg – das örtliche Grafengeschlecht – benannten sich dann auch nach ihr, was ihre Bedeutung für die Familie unterstreicht und möglicherweise am Rande schon mit dem Haller Salz zu tun gehabt haben könnte. Von zentraler Bedeutung scheint das Salz aber nicht gewesen zu sein, sonst hätten die Grafen ihre Burg kaum in Steinbach errichtet, sondern näher an der Salzquelle. Gegen Ende des 11. Jahrhunderts richteten sie in ihrer Burg ein Benediktinerkloster ein, das in den folgenden Jahren reiche Schenkungen erhielt und in engem Kontakt mit Hirsau und Mainz stand. 1116 starben die Grafen von Comburg aus, ihre Rechte wurden von den Staufern übernommen (▸ S. 67).

Unter den Staufern setzte der Aufschwung der Haller Saline ein. Das lässt sich zunächst nur indirekt erschließen, denn ab ca. 1180 ließen sie hier den Haller Pfennig (den sog. »Heller«) prägen. Das Silber, aus dem die Münzen geschlagen wurden,

◀ S. 12
Luftbild des historischen Stadtzentrums

▲
Registratur bzw.
Archiv der Reichs-
stadt auf einer
Schützenscheibe
von 1790

▶
Die große Freitreppe
von St. Michael mit
53 Stufen

kam wahrscheinlich als Bezahlung für das Salz nach Hall. Aber erst aus dem 13. Jahrhundert gibt es sichere Nachrichten darüber, dass die Salzsiederei durch die Könige und Kaiser gefördert wurde. Klöster und Stifte erhielten ab 1204 Anteile an der Saline, so dass sie an deren Gedeihen interessiert waren und für den Absatz des Salzes sorgten. In der Urkunde von 1204 für Kloster Adelberg wurde Hall auch zum ersten Mal als Stadt (»civitas«) bezeichnet. Seit 1280 war Hall endgültig Reichsstadt.

In der Haalstraße Richtung Marktplatz liegt das Alte Schlachthaus ②, das 1716 in Betrieb genommen wurde. Im Mittelalter befand sich an dieser Stelle der sog. Judenhof mit der Synagoge und den Häusern jüdischer Einwohner. Während der Pest-

pogrome 1349 wurde diese Gemeinde ausgelöscht. Einige Juden verbrannte man in einem Stadtturm auf dem Rosenbühl, andere wurden nach Bielriet vertrieben und enteignet. Dennoch lebten auch danach wieder Juden in Hall, die letzten Spuren verlieren sich um 1427. Im Jahre 1457 gehörten »Judenschule« (d. h. die Synagoge) und Judenhof einer Christin.

Staufische Baureste finden sich im Kellergeschoss des benachbarten Gebäudes Haalstraße 5, dessen Oberbau ein barockes bürgerliches Palais des 18. Jahrhunderts repräsentiert. Ebenfalls staufisch ist in seinen unteren Geschossen der sog. Keckenturm, ein Teil des Hällisch-Fränkischen Museums ③: Hier sind Deckenbalken auf 1240 datiert. Zurück auf der Haalstraße bzw. dem Hafenmarkt, findet man auf der rechten Seite eines der ältesten datierten Fachwerkhäuser: Holzteile im Gebäude Untere Herrngasse 2 stammen aus dem Jahr 1289.

Der »Heller«

Der »Heller« erreichte rasch eine weite Verbreitung und brachte Schwäbisch Hall eine wirtschaftliche Hochblüte. Nach 1300 begann sein Niedergang. Es kam zu einer immer rascheren Wertminderung. Als Bezeichnung für eine Kleinmünze hat sich »Heller« bis ins 20. Jahrhundert gehalten. Das ist nicht zuletzt Martin Luther zu verdanken, der in seiner Bibelübersetzung eine griechische Kleinmünze als »Heller« bezeichnete (z. B. Matthäus 5,25 f. und 12,41 f.). Erst in neueren Ausgaben wurde daraus ein »Pfennig« gemacht.

Nach dem Stadtbrand von 1728 entstand 1735 das barocke Rathaus.

▲
Die zerstörte
Stadt nach dem
Brand 1728

Der Marktplatz ④ gewann erst zu Beginn des 16. Jahrhunderts seinen heutigen Grundriss. 1507 errichtete man die große Freitreppe, 1509 den Marktbrunnen mit dem Pranger, 1534 verkleinerte man die Jakobskirche und das Franziskanerkloster. Die Treppe baute man zunächst nur mit 42 Stufen; erst 1676/77 ließ der Rat der Reichsstadt sie durch die heutigen 53 Stufen ersetzen. Die Bildwerke des Marktbrunnens (Simson mit dem Löwen, Michael und Georg je mit einem Drachen) fertigte zwischen 1509 und 1511 der Bildhauer Hans Beuscher an.

Einziger Grund für den Umbau von Treppe und Brunnen scheint der Wunsch gewesen zu sein, den Marktplatz zu vergrößern. Zuvor muss der Platz recht eng gewesen sein. 1508 hatte die Reichsstadt nach langen Streitigkeiten mit dem Ritterstift Comburg endlich das Patronat über die Michaelskirche

(▸ S. 71 f.) erworben. St. Michael wurde eine eigene Pfarrei (vorher war diese große Kirche nur eine Filialkirche der Dorfkirche von Steinbach am Fuße der Comburg). So bekam die Stadt die Möglichkeit, den Platz vor der Kirche umzugestalten, der bisher zu großen Teilen als Friedhof genutzt wurde und ebenfalls comburgisch gewesen war. Darüber hinaus eröffnete sich nun die Möglichkeit zur Reformierung der Kirche durch den Rat.

Gegenüber der Treppe befanden sich um 1500 Jakobskirche und Franziskanerkloster ⑤. Die Kirche St. Jakob wurde 1236 zum ersten Mal erwähnt, als Kloster Comburg sie den Franziskanern übergab. Schwerpunkt der Arbeit der Klosterbrüder war das Predigen. Aber um 1500 scheint der Magistrat mit Leben und Leistung der Franziskanermönche zunehmend unzufrieden gewesen zu sein, und so versuchte er, das Kloster zu einer strikteren Einhaltung der Mönchsregeln zu bewegen. Dagegen wehrten sich die Mönche erfolgreich. 1502 stiftete der Rat eine eigene Predigerstelle an St. Michael. 1524 wurde das Franziskanerkloster im Zuge der ersten reformatorischen Maßnahmen geschlossen. Zur weiteren Vergrößerung des Marktplatzes riss man 1534 die östlichen Teile von Kirche und Kloster ab.

Das barocke
Rathaus heute

Nach dem Stadtbrand von 1728 entstand bis 1735 an der Stelle der Jakobskirche das barocke Rathaus ⑥, das einem Schloss ähnelt und prachtvoll – u. a. mit Gemälden von Livio Retti – ausgestattet wurde. Nach seiner Zerstörung durch Brandbomben 1945 wurde es so gut wie möglich wiederhergestellt. Im Untergeschoss hat sich die Ratsbibliothek der Reichsstadt erhalten – mit zahlreichen wichtigen und schönen Drucken ab dem 15. Jahrhundert.

Auf der Nordseite des Marktplatzes reihen sich die Anwesen von Stadtadels- und Honoratiorenfamilien aneinander. Das Gebäude Am Markt 7 (aus der Zeit nach dem großen Stadtbrand von 1728) beherbergte die Bürgertrinkstube. Die Adelstrinkstube war schräg gegenüber im Vorläufer des Hauses Am Markt 9 (Sibilla-Egen-Haus) untergebracht (▶ S. 34). Im Haus Am Markt 11 residierte in der ersten Hälfte des 16. Jahrhunderts die Stadtadelsfamilie Schletz, ab 1578 lässt sich die Nutzung als Gastwirtschaft (»Adler«) nachweisen. Nebenan (Am Markt 12) wohnte der Stättmeister (Bürgermeister) Hermann Büschler (▶ S. 35). Schräg gegenüber (Am Markt 14) steht das Gebäude der Lateinschule, des späteren »Gymnasium illustre«, ein Bau des 18. Jahrhunderts, der aber nach seiner Zerstörung im Zweiten Weltkrieg neu aufgebaut wurde.

Eine Urkunde Bischof Gebhards von Würzburg über die Weihe von St. Michael ⑦ am 10. Februar 1156 liefert das erste sichere Datum der Haller Stadtgeschichte. St. Michael wurde von den Einwohnern von Hall auf Comburger Grund und Boden errichtet, blieb aber eine Filialkirche von Steinbach. Ein Jahrmarkt an Michaelis (29. September) stand unter dem Schutz von Kirche und Herzog. Der eigentlich früher (nämlich auf 1037) datierte sog. »Öhringer Stiftungsbrief«, in dem Hall ebenfalls erwähnt wird, ist eine Fälschung unklarer Datierung und könnte ebenso gut aus den Jahren um 1100 wie um 1200 stammen. Für die Stadtgeschichte kann man aus ihm keine Schlüsse ziehen.

In einem von der Klosterstraße abzweigenden Hof (»Nonnenhof«) ⑧ liegt das ehemalige Haus der Franziskanertertiarinnen, d.h. von Frauen, die sich zu einer religiösen Gemeinschaft zusammengeschlossen hatten, aber keine Nonnen waren. Das Gebäude wurde den Frauen 1514 vom Haller Rat übergeben. Spätestens 1555 war die Gemeinschaft aufgelöst, die letzte noch katholische Tertiarin ver-

Das Fachwerkhaus am Ende der Pfarrgasse war das Wohnhaus des Reformators Johannes Brenz

▶ Die Löwenapotheke

storben. Der Rat hatte nach der Reformation Neueintritte verboten, ließ die Gemeinschaft aber bestehen. Heute ist hier die Außenstelle des Stadtarchivs untergebracht.

Der Platz im hinteren Teil der Pfarrgasse wird vom Alten Dekanat ⑨ beherrscht. Hier lebte auch Johannes Brenz. Im vorderen Teil der Pfarrgasse befinden sich Häuser, in denen im Spätmittelalter die Priester der Altäre in St. Michael wohnten. Diese Häuser wurden seit der Reformation als Dienstwohnungen für die Lehrer an der Lateinschule genutzt. Im Haus Pfarrgasse 12 wohnten im 18. Jahrhundert die Inhaber der Pfarrstelle an St. Michael. In Nr. 11 befand sich das »Contubernium«, eine Art Internat für auswärtige oder arme Schüler des Gymnasiums. Die Aufnahme in diese Anstalt wurde aber entscheidend von den Sangeskünsten der Kandidaten bestimmt, denn die »Contubernales« wirkten als Chor in den Gottesdiensten mit und sangen bei Begräbnissen und anderen Anlässen.

Der »Neubau« ⑩ wurde ab 1508 als Lagerhaus für Waffen (im Erdgeschoss) und für Getreide (in den Dachgeschossen) errichtet. Fertiggestellt wurde der riesige Bau erst 1527, nachdem Querelen über die Finanzierung die Baustelle einige Jahre lahmgelegt hatten. Vorne im Rosenbühl bewohnte im

16. Jahrhundert Thomas Schweicker das Haus Nr. 2. Er wurde 1540 ohne Arme geboren und lernte, mit den Füßen zu schreiben. Als »Fußschreiber«, der mit seiner eigenen »Fußschrift« unterschrieb, wurde er berühmt. Auch die Inschrift an seinem Epitaph in St. Michael schrieb er selbst. Das heutige Langenfelder Tor ist der Rest einer Doppeltoranlage aus dem frühen 16. Jahrhundert.

Die massiven Befestigungsanlagen am Schiedgraben, südlich des »Neubaus«, belegen die intensive Feindschaft mit den Herren von Limpurg, deren Burg und »Hauptstadt« Unterlimpurg ⑪ sich bis 1541 direkt vor den Toren Schwäbisch Halls befanden (▶ S. 60). Die Haller haben 1431/32 sogar das aus der Stadt nach Unterlimpurg führende Tor vermauern lassen, um die »Schenken« vom Durchgangsverkehr abzuschneiden.

Zurück in der Kernstadt kann man an der Oberen und Unteren Herrngasse die großen, oft aus dem Spätmittelalter datierenden Häuser der städtischen Honoratioren und ihrer Frauen betrachten. Bemer-

Das Fachwerkhaus am Ende der Pfarrgasse war das Wohnhaus des Reformators Johannes Brenz.

kenswert ist das Gebäude Obere Herrngasse 11 ⑫ von 1391/92, das über eine historische Deckenbemalung in der Halle und aufgemalte Diamantenquader an der Außenfassade verfügt. Im hinteren Teil des Anwesens Obere Herrngasse 8 befand sich ab 1893 der Betsaal der jüdischen Gemeinde Hall. Das Haus Am Markt 2 besteht aus einem staufischen Wohnturm, zwei Fachwerkhäusern aus dem Spätmittelalter und einem barocken Giebel. Gotische Fensteröffnungen weisen auf die früheste Bauphase hin. Die »Löwenapotheke« (Am Markt 3) gehört zu den ältesten Apotheken in Hall. Der heutige Ladenanbau stammt allerdings erst aus den Anfangsjahren des 19. Jahrhunderts.

Von der nördlich vom Marktplatz wegführenden Marktstraße zweigt zunächst links die »Neue Straße« ab, die direkt zur Henkersbrücke führt. Die

Straße entstand erst nach 1728, als man nach dem großen Stadtbrand Brandschneisen schaffen wollte. Der Brand war am 31. August 1728 im Gasthaus »Zum Goldenen Helm« (in Höhe der heutigen Gebäude Neue Straße 7 und 8 gelegen) ⑬ ausgebrochen und hatte große Teile der Altstadt zwischen Marktplatz und Kocher zerstört. Auch das alte Rathaus (am Hafenmarkt), die Jakobskirche (am Markt), das Spital und das Haal waren abgebrannt. Die Henkersbrücke geht sicher auf das Jahr 1228 zurück. Ihr heutiges Aussehen verdankt sie dem Wiederaufbau nach 1945, wobei der östliche Bogen noch vom Neubau der Brücke 1502/1504 stammt. Die beiden anderen sind modernen Datums.

Eine ähnliche Aufgabe als Brandschneise wie die Neue Straße erfüllt der Spitalbach. Auch er scheint nach dem Brand von 1728 wesentlich ver-

▲
Der armlose Kunstschreiber Thomas Schweicker. Epitaph in St. Michael

Nach der Reformation wurde ein großer Teil der städtischen »Sozialpolitik« über das Spital abgewickelt.

▲
Blick auf die
Hospitalkirche
(1738) vom
Innenhof aus

▶
Der Josenturm und
rechts daneben
die Josenkapelle

breitert worden zu sein. Als die Straße 2012 neugestaltet wurde, kamen zahlreiche Keller unter der modernen Straße zum Vorschein. Am Spitalbach befindet sich seit 1317 das Hospital oder Spital ⑭. Gegründet wurde es bereits spätestens 1228 und ist damit die älteste heute noch bestehende Stiftung im Regierungsbezirk Stuttgart. Sivrid und Agatha, ein Haller Ehepaar, übergaben dem Spital ihr gesamtes Vermögen. 1249 übertrug die Stadt das Spital dem Johanniterorden, 1317 nahm sie es wieder zurück in eigene Regie. 1319 definierte man den Kreis der Fürsorgeberechtigten: Blinde, Lahme, Waisen, Unmündige, Kranke und andere Gebrechliche. Später diente das Hospital auch als Altersheim und Gefängnis. Nach der Reformation wurde ein großer Teil der städtischen »Sozialpolitik« über das Spital abgewickelt.

Am Säumarkt ⑮ steht eine architektonische Hinterlassenschaft des Königreichs Württemberg: die ehemalige württembergische Hauptwache von 1811. Für Schwäbisch Hall endete 1802 nach mehr als fünf Jahrhunderten die Zeit als Reichsstadt, es wurde zu einer württembergischen Amtsstadt (▶ S. 61).

Die Gelbinger Vorstadt entstand wohl im 13. Jahrhundert, 1324 wurde sie in die Stadtbefestigung miteinbezogen. Prominent ragt in der Gasse der Josenturm ⑯ samt der daneben liegenden ehemaligen Josenkapelle hervor. Belegt ist die Kapelle seit 1385. Nach der Reformation wurde sie säkularisiert. 1680 brannten die oberen Stockwerke des Turms aus (wiedererrichtet bis 1686). In der Kapelle war ab dem 17. Jahrhundert eine der deutschen Schulen der Reichsstadt untergebracht, in denen Mädchen und Jungen Lesen, Schreiben und den Katechismus lernten (▶ S. 52).

Über die neue Treppe am Froschgraben lässt sich bequem das »Kocherquartier« erreichen, das um die 1849 fertiggestellte ehemalige Justizvollzugsanstalt herum entstanden ist. 1998 nahm eine neue Haftanstalt außerhalb der Innenstadt die Strafgefangenen auf. Der Umbau zum »Haus der Bildung« begann 2009 und 2011 wurde das Gebäude seiner neuen Bestimmung übergeben.

1534 verbot der nunmehr protestantische Rat die Messe in der Johanniterkirche.

▲
Der Sulfersteg und
Sulferturm. Im Hin-
tergrund der riesige
»Neubau«

▶
Das Crailsheimer
oder Langenfelder
Tor (benannt nach
der abgegangenen
Ortschaft Langen-
feld)

Über Salinenstraße und Henkersbrücke wech-
seln wir nach »jenseits Kochens«, das historisch
gesehen aus zwei Vorstädten mit zwei Pfarreien
bestand: der Katharinenvorstadt und dem Weiler.
Der Weiler beginnt unten am Kocher mit dem Gebäude der Johanniterkommende und der Kirche
St. Johann ⑰. Beide gehen auf die letzten Jahrzehn-
te des 12. Jahrhunderts zurück. Die Kirche wurde
Ende des 14. Jahrhunderts durchgreifend umgebaut.
1534 verbot der nunmehr protestantische Rat die
Messe in der Johanniterkirche. Ab 1543 amtierte
ein evangelischer Pfarrer an der Kirche, die rechtlich eine Filiale des benachbarten Dorfs Gottwollshausen war. 1812 wurde die Pfarrei aufgehoben.
Der Bau diente danach als Lagerraum, Turnhalle
und Ausstellungsraum, bis er 2004 von der Würth-
Gruppe erworben und saniert wurde. Seit 2008

werden hier die »Alten Meister« der Würth-Samm-
lung gezeigt (▶ S. 77). Die Baulichkeiten der ehemaligen Kommende stammen zu großen Teilen
aus dem Anfang des 16. Jahrhunderts. 1810 wurde
der in Staatsbesitz übergegangene Komplex an
einen Gastwirt und Bierbrauer verkauft. Das Weiler Tor ist eines der beiden letzten erhaltenen
Stadttore von Schwäbisch Hall (mit zwei Baupha-
sen im 14. und 16. Jahrhundert).

Die Anfänge der Katharinenkirche ⑱ reichen
in das 13. Jahrhundert zurück. 1363 wurde aber
ein Kirchenneubau geweiht. St. Katharina war eine
Filialkirche von Westheim und bis 1526 abhängig
von Kloster Murrhardt. Erst dann erwarb der Haller
Rat das Patronat. Die heutige Kirche wurde zu
wesentlichen Teilen 1898 neu errichtet, nur Chor
und Teile des Turmes sind vom alten Gebäude noch
erhalten (▶ S. 75). Das Sudhaus bei der Kunsthalle
Würth ist der Rest der Löwenbrauerei, die 1903 hier
errichtet wurde.

Das untere Ende der Zollhüttengasse markieren
zwei historische Gastwirtschaften: der »Goldene
Ochsen« und der »Schwarze Bär« (heute ein Kino).
Der Rote Steg ⑲ stellt die Verbindung zur Innen-
stadt her. Erstmals 1350 erwähnt, musste er nach
Hochwasserkatastrophen in regelmäßigen Abstän-

Der 1880 eröffnete Neubau des Solbades auf dem Unterwöhrd. Links das alte Solbad von 1827

den erneuert werden. 1945 wurde er von deutschen Truppen zerstört, 1946 rekonstruiert.

Auf dem Unterwöhrd erhob sich im 19. Jahrhundert das Solbad. Die Stadt Hall versuchte den Tourismus auszubauen, um die wirtschaftliche Misere nach der Verstaatlichung der Saline zu lindern. Bereits 1827 entstand ein erstes Solbad, dem 1878 ein »Neues Solbad« an die Seite gestellt wurde. Gewisse Erfolge waren vor dem Ersten Weltkrieg durchaus zu erkennen, ganz eingelöst haben sich die hochge-spannten Erwartungen aber nie. 1967 beschloss der Gemeinderat den Abriss des Solbades. Auf einem Teil seiner Fläche steht heute das Globe-Theater ⑳, das im Jahr 2000 aus Anlass des 75-jährigen Jubiläums der Freilichtspiele als zweite Spielstätte neben der großen Treppe errichtet wurde (▶ S. 10). ●

▶ **DR. ANDREAS MAISCH**
 ist Leiter des Stadt- und Hospitalarchivs Schwäbisch Hall.

Warum »Schwäbisch« Hall

Der Name der Stadt Schwäbisch Hall verbirgt manches Geheimnis: Warum heißt die Stadt eigentlich »Schwäbisch« Hall, obwohl sie doch mitten im fränkisch-hohenlohischen Sprachraum liegt? Das kam so: Ursprünglich hieß die Stadt einfach Hall. Das ist ein uraltes Wort für »Salz« und weist auf die Salzsiedetradition hin. Im Mittelalter unterstand der fränkische Raum der Gerichtsbarkeit des Landgerichtes in Würzburg. Immer wieder kam es zum Streit zwischen der stolzen Reichsstadt Hall und *den Gerichtsherrn – bis es dem Rat schließlich zu bunt wurde und er 1442 beschloss, die Stadt heiße fortan »Schwäbisch« Hall, gehöre nicht mehr zu Franken und gehe folglich die Würzburger Richter nichts mehr an. Konsequenterweise schloss man sich dann 1495 bei der Neuordnung des Reichsgebietes unter Kaiser Maximilian auch dem »Schwäbischen Reichskreis« an, obwohl die Umgebung weitgehend zum »Fränkischen Reichskreis« gehörte.*

Schwäbisch Hall kickt wie sonst nichts

VON TATJANA KRUSE

Der Blick vom »Schwalbennest« auf das Globe-Theater, die Kunsthalle Würth und die St. Katharinenkirche

Ich bin in Schwäbisch Hall aufgewachsen, das verwurzelt natürlich. Aber davon abgesehen bedeutet es mir wirklich viel, Hallerin zu sein. 25 – zugegebenermaßen sehr persönliche – Gründe, warum man Hall einfach lieben muss (eigentlich sind es 111 Gründe, die jedoch aus Platzmangel nicht alle genannt werden konnten):

25. Die »Skyline« von Hall, wenn man von Heilbronn kommend mit dem Zug einfährt – beinahe unverändert seit ihrem Auftritt in dem Film *Die Feuerzangenbowle*.
24. Die Fontänen im Anlagencafé.
23. Die Freilichtspiele Schwäbisch Hall – berührendes, bewegendes, beschwingendes Theater in phantastischer Kulisse.
22. Der Marktplatz mit der Treppe von St. Michael – ohne Zweifel der schönste Marktplatz auf dem Erdenrund.
21. Der Wochenmarkt auf dem Marktplatz mit den pittoresken Ständen, und immer trifft man dort Gott und die Welt und unterhält sich und kauft – und nascht zwischendurch – leckere Produkte aus der Region.
20. Dass jeder Promi irgendwann an einem vorbeikommt, wenn man nur lange genug auf der Rathausmauer auf dem Marktplatz sitzt. Wir hatten sie alle, von der Queen bis Roger Willemsen.
19. Die Schwäne auf dem Kocher. (Ja, *der* Kocher, unser Fluss ist ein Kerl.)
18. Das Zwickel-Bier der Haller Löwenbrauerei.

17. Dass es die Läden meiner Kindheit heute noch gibt, wie die Löwenapotheke, Schuhhaus Schlenker, Reformhaus Mohring oder Haushaltswaren Kachel. Lebendige Tradition an jeder Ecke!
16. Sagen zu können, man kommt aus der Stadt zur Bausparkasse, und sofort weiß jeder im Land, was gemeint ist.
15. Das Goethe-Institut, weil Hall dadurch die Welt zu Gast hat und sich Freundschaften quer über den Globus entwickeln.
14. Die informativste Kleinstadtzeitung Deutschlands, das *Haller Tagblatt*. Welcher Haller was wann wo macht, liest man jeden Morgen beim dampfenden Frühstückskaffee.
13. Der Stolz, wenn man im Deutschen Historischen Museum in Berlin vor einem echten Haller »Heller« steht. Die Stadt hat Geschichte geschrieben.
12. Halla Venezia – die Haller sind venedischer als die Venezianer.
11. Die Unicorns, deutsche Footballmeister 2011 und 2012.
10. Das Schwäbisch-Hällische Landschwein. Wenn ich im »Löwen« mein Schnitzel esse, dann lacht es mich beim Essen an, so glücklich war das Schwein.
9. Die sechs überdachten Holzbrücken im Stadtgebiet.
8. Durch den Stadtpark, der hier »Ackeranlagen« heißt, flussaufwärts zur Comburg zu spazieren und dort einen Kaffee zu trinken.
7. Die Schwäbisch Haller Sieder.

Die »eiserne Jungfrau«, ein Folterstuhl

6. Jederzeit vor einem berühmten Gemälde der Weltkunst meditieren zu können, dank der Kunsthalle Würth.
5. Der »Schafstall«, ein Programmkino, in dem ich 1978 mit *Tanz der Vampire* meine Leidenschaft für alles Cineastische entdeckte.
4. Der Blick vom »Schwalbennest« auf die Morgennebel über der Stadt, während wuchtig die Glocken von St. Michael läuten und die Luft vibrieren lassen.
3. Die »eiserne Jungfrau« im Hällisch-Fränkischen Museum.
2. Ein Chai Latte in der Suite 21, ein Gin Tonic in der Jenseitz Bar, ein Guinness im Molly Malone, ein Schorle weiß-sauer in der UnverzichtBar – nirgends lässt sich besser chillen als in Haller Locations.
1. Ich liebe Schwäbisch Hall, weil es wirklich und wahrhaftig die kleinste Metropole der Welt ist!

London, New York, Berlin – alle ganz nett, aber mal ehrlich: Schwäbisch Hall können sie nicht das Wasser reichen.

Wish you were here!
Herzlich-mörderisch

▶ **TATJANA KRUSE**
lebt und arbeitet als Krimiautorin in Schwäbisch Hall, dem Ort, an dem auch ihre aktuelle Serie um den stickenden Ex-Kommissar Siggi Seifferheld spielt.

▶ www.tatjanakruse.de

Essen in Schwäbisch Hall und Umgebung

—

VON GEORG EBERHARDT

► Blick über die Stadt bis zur mittelalterlichen Comburg vom Dach des Sudhauses aus

▼ Rudolf Bühler (r.) zeigt Prinz Charles und Prinzessin Xenia zu Hohenlohe-Langenburg ein Ferkel der Rasse Schwäbisch-Hällisches Landschwein

Bœuf de Hohenlohe und das Schwäbisch-Hällische Landschwein haben den kulinarischen Ruf der Region um Schwäbisch Hall bis weit nach Europa hinein begründet. Bereits Mitte des 19. Jahrhunderts wurde in Paris das Rindfleisch aus Hohenlohe hoch geschätzt.

Eine eigene Geschichte hat die alte, qualitätvolle schwarzbunte Schweinerasse des Schwäbisch-Hällischen Landschweins. Vor einer Generation fast ausgestorben, hat sie durch die Achtsamkeit und Hartnäckigkeit einiger weniger Bauern einen kräftigen Aufschwung erfahren. Das Bewusstsein für Qualität zeigt auch die weite Verbreitung der »Slow Food«-Bewegung in der Region. Im Hohenlohischen ist die Fähigkeit zum Genießen ebenso ausgeprägt wie die Sorgfalt in der Produktion der vielfältigen Nahrungsmittel.

Auf diesem fruchtbaren Boden ist in den vergangenen Jahren eine herausragende und überregional beachtete Gastronomie gewachsen. Den Anfang machte Josef Wolf in seinem Restaurant »Eisenbahn«, der sich seit 1996 souverän regelmäßig einen Michelin-Stern erkocht. Seit Kurzem wird er durch seinen Sohn Thomas unterstützt. Ein Stern glänzt auch über »Rebers Pflug«, und zwei Kilometer weiter bietet Ernst Kunz im »Rößle« in Veinau regionale Küche mit Esprit.

Einen eindrucksvollen Überblick über die Stadt bis zur mittelalterlichen Comburg bekommen Sie auf dem Dach des Sudhauses und entdecken von dort

»Die Rose«. Betetrilogie mit Limpurger Ochsenroulade

aus unter mächtigen Kastanienbäumen den reizvollen Biergarten im Unterwöhrd, direkt am Kocher. Wer Wellness schätzt, ist im großzügigen Sole-Bad im Hotel Hohenlohe bestens aufgehoben. Auch die Küche im Hotel-Restaurant ist empfehlenswert.

Einen Abstecher nach Vellberg-Eschenau lohnt unser Geheimtipp »Die Rose«. Adelheid und Jürgen Andruschkewitsch verwenden ausschließlich zertifiziert ökologische Rohstoffe in ihrer Küche und bauen die Kräuter, die sie verwenden, selbst an. Auch dieses Geschmackserlebnis will nicht versäumt werden.

Es gäbe noch viel zu erzählen über das Genießen in Schwäbisch Hall und drum herum – darum: kommen und ausprobieren. ●

▶ **KIRCHENRAT GEORG EBERHARDT**
ist Leiter des Bischofbüros und Persönlicher Referent des Landesbischofs der Evangelischen Landeskirche in Württemberg.

....

▶ **Landhaus Wolf – Restaurant »Eisenbahn«**, Karl-Kurz-Straße 2, 74523 Schwäbisch Hall, Telefon 0791.930660, www.restaurant-eisenbahn.de

▶ **Reber's Pflug**, Weckriedener Straße 2, 74523 Schwäbisch Hall, Telefon 0791.931230, www.rebers-pflug.de

▶ **Landhaus zum Rössle**, Zeilwiesen 5, 74523 Schwäbisch Hall-Veinau, Telefon 0791.2593, www.roessle-veinau.de

▶ **Die Rose**, Ortsstraße 13, 74541 Vellberg-Eschenau, Telefon 07907.2294, www.eschenau-rose.de

▶ **Sudhaus an der Kunsthalle Würth**, Lange Str. 35/1, 74523 Schwäbisch Hall, Telefon 0791.9467270, www.sudhaus-SHA.de

▶ **Ringhotel Hohenlohe**, Weilertor 14, 74523 Schwäbisch Hall, Telefon 0791.75870, www.hotel-hohenlohe.de

Hohenloher Blooz

Der Hohenloher Blooz ist ein dünn ausgerollter Teigfladen, typischerweise belegt mit Sauerrahm, Zwiebeln und Speckwürfeln. Je nach Geheimrezept wird er z. B. mit Lauch verfeinert oder es werden leckere Eigenkreationen entwickelt. Natürlich gibt es auch einen Apfelblooz oder einen Zwetschgenblooz – wenn man vom Blooz-Essen-Gehen spricht, ist aber die salzige Version gemeint. Da die Rezepte streng geheim sind, kann der Blooz nirgendwo eingekauft, sondern nur bei den aufgeführten Betrieben verkostet werden.

▶ **Hofcafé Restaurant Backstube Buchenhof**
Familie Schöll, Brunzenberg, 74586 Frankenhardt, Telefon 07959.837

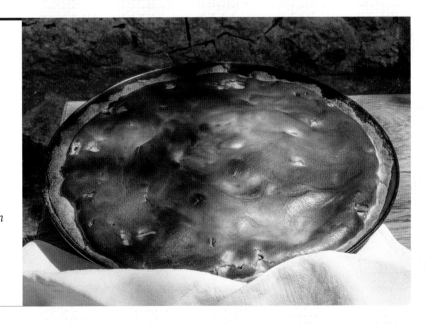

Am Kocher, Hall die löblich Statt   Das Saltzwerck Gott allzeit erhalt,
Vom Saltzbrunn ihren Ursprung hatt.   Und ob der Statt mit gnaden walt.

Sebastian Bürckhart.	David Müller.	David Zweiffel.	Johann Eisenmenger.	Hanß Bühl.	Hans Dötschman.	Hans Conrad Beischlag.	Jörg
Hauptman des Haals.	Beede	Pfleger des Haals.	Pfleger Schreiber	P	Vier	Newe	Maÿster.

REFORMATION IN WORT UND BILD

Die Reformation in Schwäbisch Hall wurde von Johannes Brenz geprägt. Umsicht und Weitsicht bestimmten sein Vorgehen. Bis heute zeigt sein Lebenswerk Wirkung.

Zu vnsers Vatterlandes Zier
Die Taffel ließen machen wir,

Dern Nam vnd wappen darinnen
Durch Hanß Schrey verzeichnet sein.

Ælter Hauptman .   Vier   Alte   Maijster ,   Oberschreiber .   Vnderschreiber .

getman .   Hans Jörg Huber .   Adam Stadtman .   Hans Jörg Groß .   Michel Hornüng .   Hans Caspar Groß .   Johann Feuratendt .   Joseph Hermann

Die Salzstadt

Die harte Arbeit in den Salinen am Haal

—

VON ANDREAS MAISCH

Gradierhäuser am Ripperg in Schwäbisch Hall mit Wasserrädern. Die Zeichnung zeigt eindrucksvoll die Größe der Häuser und den für ihren Betrieb erforderlichen technischen Aufwand

◄ S. 30
Stadtansicht von Hans Schreyer aus dem Jahr 1643. Das Gemälde, das im Haalamt zu finden ist, zeigt u. a. Sieder, die Wappen von Siederfamilien, die Wehre und die Holzstapel am Haal

Die Stadt Schwäbisch Hall verdankt ihre Entstehung und ihre Entwicklung der mittelalterlichen Saline. Salz war eines der wichtigsten Mittel zur Konservierung von Lebensmitteln und auch für die Viehhaltung unentbehrlich. In Hall wurde Sole aus dem Haalbrunnen versotten, wofür die Zufuhr großer Mengen von Holz erforderlich war. Das Holz stammte aus den limpurgischen Wäldern im Süden der Stadt und wurde über den Kocher nach Hall an das Haal geflößt.

1306 zählte ein erstes Verzeichnis die »Pfannen« auf, in denen die Sole versotten wurde. Schon damals waren es etwa 110, später galt die Zahl von 111 Pfannen (37 Haalhäuser à drei Pfannen) als kanonisch. Anfang des 14. Jahrhunderts dominierten die Stadtadligen (50 %) vor den Klöstern und den

nicht-adligen Bürgern (mit je einem Fünftel der Anteile) die Salzgewinnung. Um 1500 waren die Reichsstadt und das unter ihrer Aufsicht stehende Spital zu den größten Anteilseignern geworden. Der Anteil des Stadtadels war geschrumpft, derjenige der nicht-adligen Bürger war deutlich gestiegen. Um 1700 hatte sich der Besitz von Stadt und Spital auf ein Viertel der Anteile reduziert (im Dreißigjährigen Krieg war städtisches Eigentum massiv verkauft worden), die hällische Kirche besaß 10 %, die Bürger (Stadtadel gab es keinen mehr) hielten 60 %. Der Rest befand sich in der Hand von Auswärtigen (vor allem der Grafen von Hohenlohe). Bei diesen Besitzern und Besitzerinnen handelte es sich um die sog. Eigen- oder Lehenherren. Daneben entstand im Spätmittelalter eine Schicht von Erbsiedern.

Während die Saline in den ersten Jahrhunderten vermutlich mit leibeigenen Arbeitskräften der Könige, Geistlichen und Adligen betrieben wurde, gab es ab dem 14. Jahrhundert eine einschneidende Veränderung. 1312 erhielten zum ersten Mal Siederinnen und Sieder (Lugart gen. Wägin und ihr Sohn Konrad) das Recht zum Sieden auf Lebenszeit. Dafür mussten sie Abgaben an den Oberbesitzer zahlen (in diesem Fall an eine geistliche Einrichtung, das Stift Denkendorf). Aus solchen Verleihungen entstanden die Haller Erbsieder, die ihre »Sieden« dann nicht mehr nur auf Lebenszeit (wie in diesem frühen ersten Beispiel), sondern auf ewig bekamen, während sich die Oberherren und -frauen aus den Alltagsgeschäften heraushielten und sich mit dem geregelten Bezug von Abgaben zufrieden gaben. Ab dem 16. Jahrhundert wurden die Erbgänge der Sieden verschriftlicht. Die Bände werden bis zum heutigen Tag fortgeführt.

Die Arbeit im Haal war hart. Die Salzsieder zogen das Holz (bei eisigen Temperaturen) aus dem Kocher, mussten es spalten, aufschichten und in ihr Haalhaus bringen. Dort waren die Temperaturen dann umso höher, Dampf hüllte die Arbeitenden ein. Immer wieder kam es zu schweren Arbeitsunfällen, wenn Sieder in die Pfannen stürzten und Verbrennungen erlitten oder wenn Holzstapel umkippten. Da viele Vorarbeiten zu leisten waren, wurde nur wenige Wochen (sechs oder sieben) im Jahr tatsächlich Salz gesotten.

Die Produktion der Haller Saline lag im 16. Jahrhundert bei 16.000 Zentnern, erreichte um 1700 ca. 23.000 Zentner und um 1750 ca. 63.000 Zentner. Sie war die bedeutendste Produktionsstätte im deutschen Südwesten und verkaufte ihr Salz bis in die Pfalz und ins Elsass. Der Produktionsanstieg im 18. Jahrhundert geht auf die Einführung der sog. »Luftgradierung« zurück. Dazu wurden große Konstruktionen aus Holz im Kochertal und auf anliegenden Höhen errichtet. In ihnen leitete man das salzige Wasser über Schwarzdornwände, wobei ein Teil des Wassers verdunstete und sich der Salzgehalt der Sole erhöhte. Auf diese Weise konnten die Sieder beim anschließenden Erhitzen massiv Holz sparen.

Nach der Übernahme der Stadt durch Württemberg im Jahr 1802 wurde die Saline verstaatlicht,

Der Haalbrunnen mit dem Schöpfwerk. Kolorierte Zeichnung von 1716/17

Der Solespeicher der Saline, abgerissen 1930. Im Vordergrund die 1945 zerstörte »Hirschlesmühle«

die vorherigen Besitzer (»Lehenherren« und Erbsieder) erhielten Entschädigungen. Die Rente der Erbsieder wird aufgrund eines Vertrages von 1827 bis heute gezahlt und im Haalamt verwaltet. Durch die Inflation reduziert sich der Wert der Renten allerdings fortwährend.

Eine neue staatliche Saline wurde an der Salinenstraße errichtet; sie produzierte bis 1924, dann wurde sie stillgelegt. Die Konkurrenz der Steinsalzbergwerke im Heilbronner Raum hatte sich als übermächtig erwiesen. ●

Drei Frauen im Reformationszeitalter

Sibilla Egen,
Anna Büschler,
Margarethe Brenz

—

VON ANDREAS MAISCH

Das ehemalige Haus der Sibilla Egen am Markt. Die Abbildung zeigt die Illuminierung des Hauses aus Anlass der Zweihundertjahrfeier der Reformation 1717. Von oben nach unten sind dargestellt: Johannes Hus, Martin Luther und Johannes Brenz. Das Gebäude wurde beim Stadtbrand 1728 zerstört

D ie gesellschaftlichen Entwicklungen am Ende des Mittelalters und zu Beginn der Reformationszeit wurden in entscheidendem Maß von Frauen getragen und gestaltet. Sibilla Egen, Anna Büschler und Margarethe Brenz sind drei Beispiele für solche Frauen in Schwäbisch Hall.

Sibilla Egen wurde in Dinkelsbühl geboren, wo ihr Vater eine wichtige politische Rolle spielte. Ihre Mutter gehörte zu einer bedeutenden Ulmer Adelsfamilie. 1493 heiratete Sibilla nach Hall. Die Ehe mit dem Stadtadligen Hans von Rinderbach währte nur sieben Jahre, bis zu seinem Tod 1500. Auch ein gemeinsamer Sohn starb früh. Sibilla verließ das Haus der Familie ihres Mannes am Markt. Ihr Lebensunterhalt war durch ihren weitläufigen Grundbesitz und ihre Feudalrechte gesichert. Sie besaß Bauernhöfe in etlichen Dörfern der Umgebung. Außerdem verlieh sie Geld, teilweise wohl auch auf Pfänder. Ihr Vermögen wuchs kontinuierlich, sowohl während ihrer Ehen wie auch während ihrer Witwenschaften. Sibilla konnte lesen, schreiben und rechnen – vermutlich gar nicht so ungewöhnlich für eine Frau um 1500, denn auch die beiden anderen Damen, Anna Büschler und Margarethe Brenz, wiesen das entsprechende Können auf.

1517 schritt Sibilla Egen zur zweiten Ehe: Anton Hofmeister war 20 Jahre jünger als sie, kam aus Wimpfen, brachte wenig Vermögen mit, machte aber in Hall schnell Karriere. Er wurde Ratsherr und Stättmeister (Bürgermeister). Sibilla und Anton kehrten in das alte Rinderbachsche Haus zurück (▶ S. 19). Hofmeister starb 1531. Seit 1522 hatte er sich zunehmend an der Seite von Johannes Brenz für die Reformation engagiert. Diese Vorliebe teilte seine Ehegattin keinesfalls: Sibilla verlangte 1531, als sie der Stadt Stiftungen zugutekommen lassen wollte, die Wiederherstellung der katholischen Messe. In einem Testamentsentwurf beharrte sie 1532 auf die Abhaltung von Seelenmessen für sich und ihren schon lange verstorbenen Bruder.

Sibilla Egen stiftete nach schwierigen Verhandlungen aber doch zugunsten ihrer Mitbürger und Mitbürgerinnen. Sie begründete ein Stipendium für einen studierwilligen Bürgersohn, ließ Geld für Mitgiften an Jungfrauen und Witwen ausschütten, finanzierte die Handwerksausbildung von Jugendlichen, sorgte für die Anstellung von Hebammen auf den Dörfern und unterstützte Arme, Kranke und Alte. Als Sibillas Leben 1538 endete, hatte sie ihr Nachleben gesichert – wenn auch nicht mehr in der Form des mittelalterlichen Totengedenkens, die ihr wahrscheinlich näher gelegen hätte.

Eine Generation jünger als Sibilla Egen war Anna Büschler. Sie wurde 1496/98 als Tochter des Hermann Büschler und der Anna Hornberger, einer Adligen aus Rothenburg, geboren. Ihr Vater wurde 1508/09 als erster Nicht-Adliger Stättmeister in Hall, was die Verfassungsstreitigkeiten der Jahre 1510–1512 auslöste, da ihn die Adligen nicht in ihre Trinkstube aufnehmen wollten. Am Ende übernahmen die Nicht-Adligen die Führung im Rat, auch wenn noch Adlige in der Stadt blieben und zum Teil weiterhin eine bedeutende Rolle spielten. Anna vervollständigte um 1520 ihre Ausbildung, indem sie auf der Limpurg bei der Gemahlin des Schenken arbeitete. Im selben Jahr starb ihre Mutter, Anna kehrte nach Hall zurück und führte ihrem Vater den Haushalt. Dabei entfaltete sie einen gewissen (manchen Hallern anstößigen) Aufwand. Auf jeden Fall unterhielt sie während dieser Zeit ein Liebesverhältnis mit dem Sohn ihrer ehemaligen Dienstherrin, dem jungen Schenken Erasmus von Limpurg. Einen zweiten Liebhaber, Daniel Treutwein, versorgte sie in Abwesenheit ihres Vaters in dessen Haus und auf dessen Kosten mit Speise und Trank.

Hermann Büschler, dem vielleicht zunächst der Glanz seiner Tochter gar nicht so unlieb gewesen sein könnte, denn sie unterstützte damit doch auch seine eigenen Ambitionen, reagierte schließlich brutal. Er jagte Anna aus dem Haus. Daraufhin verklagte sie ihn auf Auszahlung ihres mütterlichen Erbes, wogegen er ein kaiserliches Mandat erwirkte, sie in Hausarrest nehmen zu dürfen. Anna wurde im

Wappen der Familie Büschler. Ausschnitt aus einer späteren Abschrift ihres Wappenbriefes von 1479

▲
Das Wohnhaus Hermann Büschlers Am Markt 12 auf einer Ansicht von 1694. Ausschnitt

▶
Während ihr Ehemann auf der Flucht war, starb Margarethe Brenz am 18. November 1548 in Schwäbisch Hall. Ihr Epitaph befindet sich in St. Michael

väterlichen Haus Am Markt 12 angekettet. Mittlerweile war ihre Korrespondenz mit Erasmus in Hermanns Hände gefallen, so dass der Vater nachlesen konnte, wie sehr seine Tochter ihm den Tod wünschte. 1526 entwischte Anna aus Hall und floh nach Heilbronn. Von nun an verklagte sie ihren Vater vor allen erreichbaren Gerichten. Die Ehe mit einem verarmten Adligen verschaffte ihr zusätzlich Rückendeckung. 1543 starben ihr Ehemann und ihr Vater. Noch im selben Jahr kam ein Vertrag mit Annas Geschwistern über ihre Abfindung zustande, der aber nicht lange hielt. Ab 1544 prozessierte sie gegen ihre Geschwister und war bald wieder auf der Flucht. Gegen Ende des Jahres 1551 scheint Anna verstorben zu sein.

Anna Büschlers Leben dokumentiert eine Umbruchszeit. Das Ehe- und Familienrecht wurde durch die Reformatoren entscheidend verändert. Das strikte protestantische Eherecht (Ehen nur im Konsens mit den Eltern, Liebesverhältnisse außerhalb der Ehe gar nicht gestattet) liest sich wie eine Reaktion der Autoritäten auf Anna Büschlers Lebenswandel.

Um die Jahreswende 1530/31 heiratete der Prediger Johannes Brenz Margarethe Wetzel, geb. Gräter, die Witwe des Ratsherren Hans Wetzel, der im

Jahr 1530 verstorben war. Für Johannes Brenz war die Heirat sicher ein entscheidender Schritt und dokumentierte nach außen für alle den Bruch mit seiner alten Kirche. Schließlich war er 1523 in seiner Heimatstadt Weil der Stadt noch zum Priester geweiht worden, obwohl er damals schon seine ersten reformatorischen Predigten in Hall gehalten hatte.

Margarethe war die Tochter eines Bäckers, der sich erst wenige Jahre vor ihrer Geburt in Hall niedergelassen hatte. Die Familie etablierte sich schnell und gut in der Reichsstadt. Die Zeit um 1500 eröffnete Möglichkeiten für einen schnellen sozialen Aufstieg, die weder früher noch später kaum mehr so gegeben waren. Margarethes ältester Bruder Caspar ergriff den Beruf eines Gerbers, was auf einen gewissen Wohlstand schließen lässt. Seit ca. 1518 war er mit Katharina Isenmann verehelicht, deren Bruder Johann Isenmann 1523 Pfarrer an St. Michael werden sollte. Margarethes zweiter Bruder Michael wurde Priester und amtierte seit 1521 als Pfarrer an St. Katharina. 1517 ehelichte Margarethe den damals 53-jährigen und schon verwitweten Hans Wetzel, der dem Haller Rat angehörte und einer Salzsiederfamilie entstammte. Mit diesen verschwägerten Personen erfassen wir eine der personellen Zellen der frühen Reformation in Hall.

Dank Margarethe gehörte ab 1530 auch Johannes Brenz verwandtschaftlich zu diesem Kreis.

Das Verhältnis zwischen dem Reformator und seiner Frau scheint – gemessen an den Gepflogenheiten der Zeit – herzlich gewesen zu sein. Margarethe wahrte aber eine gewisse Eigenständigkeit, reiste zum Beispiel nach Tübingen, ohne ihren Gatten vorher darüber zu informieren. 1532 sandte Johannes Brenz den »Butterbrief« an seinen Kollegen Adam Weiß in Crailsheim: »Meine Frau bittet Deine Frau, lieber Freund, daß sie, wenn es ihr nicht lästig falle, für sie Butter kaufe, wenn es Eure bürgerlichen Bestimmungen zulassen, für einen Gulden oder mehr, wenn die Butter dort billiger verkauft wird.«

Nach der Besetzung Halls durch spanische Truppen im Jahr 1546 wurde das Haus des Predigers und seiner Frau durchsucht. Margarethe fand Unterschlupf im Spital, während Johannes auf freiem Feld herumirrte. Diese Flucht fand bald ein Ende, im

Johannes Brenz' Heirat dokumentierte für alle den Bruch mit seiner alten Kirche.

Januar 1547 konnte Brenz nach Hause zurückkehren. Gravierender war, dass sie im Juni 1547 zum zweiten Mal fliehen mussten: Der Prediger sollte im Auftrag Kaiser Karls V. verhaftet werden, weil er sich gegen die neue kaiserliche »Zwischenreligion« (das »Interim«) ausgesprochen hatte. Margarethe war zu diesem Zeitpunkt schon sehr krank (sie litt an Schwindsucht), musste aber mitsamt ihren sechs Kindern Hall dennoch verlassen. Die Familie fand Zuflucht im Herzogtum Württemberg. Im September 1548 kehrte Margarethe nach Hall zurück. Dort starb sie am 18. November 1548. •

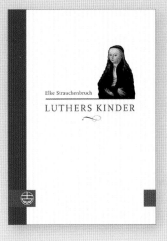

Elke Strauchenbruch

Luthers Kinder

208 Seiten | 13,5 x 19 cm | 12 Abb.
Hardcover
EUR 14,80 [D]
ISBN 978-3-374-02812-2

Weder Pest noch Standesunterschiede hielten Luther davon ab, eine »wunderlich gemischte Schar aus jungen Leuten, Studenten, jungen Mädchen, Witwen, alten Frauen und Kindern« aufzunehmen. Mit Humor, Liebe und Nervenstärke erzogen er und seine Frau Katharina von Bora sechs eigene und zahlreiche andere Kinder von Verwandten und Freunden.

Die Historikerin Elke Strauchenbruch erzählt vom Familienleben im Hause Luther und berichtet, was aus den Kindern des großen Reformators wurde, der die »Kleinen« für die »größte und schönste Freude im Leben« hielt.

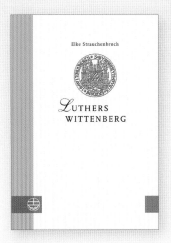

Elke Strauchenbruch

Luthers Wittenberg

248 Seiten | 13,5 x 19 cm | zahlr. farb. Abb.
Hardcover
EUR 14,80 [D]
ISBN 978-3-374-03137-5

Belegt durch zahlreiche Lutherzitate erwacht das Alltags- und Geistesleben der Lutherstadt. Man spürt hautnah, wie vor über fünfhundert Jahren gelebt, gelitten, geliebt und gelacht, aber auch gedacht wurde. Das Buch ist eine Fundgrube für alle, die wissen wollen, wie die Wurzeln einer Weltrevolution wachsen.

Elke Strauchenbruch zählt zu den profundesten Kennern der Lutherstadt. In langjährigen Studien und Stadtführungen hat die diplomierte Historikerin und Wittenberger Antiquarin ihr Wissen vervollkommnet und sich einen ausgezeichneten Ruf als Publizistin erworben.

Johannes Brenz, der Prediger von Schwäbisch Hall

Luthers Vorposten in Süddeutschland

—

VON CHRISTOPH WEISMANN

» Ecclesiastes Halensis« – Prediger von Hall, so nannte sich Johannes Brenz gerne in seinen Schriften und in Briefen. Und mehr wollte er auch nicht sein als dies: Prediger der Heiligen Schrift. Dabei war er doch so vieles mehr: ein hochgebildeter Theologe, der mehrfach Lehrstühle und sogar einen Bischofssitz ausschlug, ein kundiger Kirchenorganisator, ein geschätzter Berater von Fürsten und Ratsherren, ein erfahrener Pädagoge, dazu ein geduldiger Verhandlungspartner in Religionsgesprächen und nicht zuletzt einer der einflussreichsten Schriftsteller des 16. Jahrhunderts.

All dieses konnten die Haller Ratsherren freilich kaum ahnen, als sie 1522 den jungen Magister von Heidelberg zum Prediger an ihre Hauptkirche St. Michael beriefen.

Student der Universität Heidelberg

Brenz wurde im Jahr 1499 am Johannistag, dem 24. Juni, in Weil der Stadt geboren. Sein Vater war dort Richter und Schultheiß (Gerichtsvorsitzender). Seit 1514 studierte Brenz in Heidelberg, zuerst Philosophie, dann ab 1518, nachdem er seinen Magistergrad erworben hatte, Theologie.

Lebensbestimmend wurde für ihn der 26. April 1518. An diesem Tag hielt Martin Luther eine öffentliche akademische Disputation in Heidelberg ab. Fasziniert hörten die Studenten die Grundzüge einer neuen kirchenkritischen Theologie, die Luther hier erstmals außerhalb seiner eigenen Wittenberger Universität zur Diskussion stellte. Zusammen mit einem Kommilitonen suchte Brenz den kursächsischen Professor danach noch in dessen Herberge auf, studierte fortan seine Schriften und wurde zu einem seiner treuesten Schüler.

Als Brenz in seinen ersten Vorlesungen und Predigten keinen Hehl aus seiner Sympathie für Luther machte, wurde seine Stellung in Heidelberg schwieriger, und so kam der Ruf auf die 1502 von der Stadt errichtete und jetzt vakante Predigerstelle in Hall für den 23-jährigen Theologen gerade zur rechten Zeit.

Wirken in Hall

Nach einer Probepredigt wurde Brenz vom Rat der Stadt am Kocher fest an St. Michael angestellt. Er hatte damit das leitende geistliche Amt in diesem reichsunmittelbaren Stadtstaat inne. Man wusste in Hall durchaus, dass der neue Prediger ein Anhänger des 1521 vom Kaiser geächteten und vom Papst

◀
Es gibt kein Porträt von Brenz aus seiner Lebenszeit. Vermutlich ist dieser Holzschnitt von ca. 1570 das erste Bildnis von ihm

Ordnung der Kirchen/ inn eins Erbarn Raths zu Schwäbischen Hall/ Oberkeit vnd gepiet gelegen.

✳

Gedruckt zu Schwäbischen Hall/ durch Pancratium Quecken.

ANNO M. D. XLIII.

▲
Die erste gedruckte
Haller Kirchenord-
nung von 1543

▶
Mit dieser Schrift von
1525 rief Brenz die
Fürsten zur Milde
gegen die Bauern auf

selben Strang zogen. Schritt für Schritt stellten sie das Kirchen-, Schul- und Sozialwesen in der Reichsstadt und ihrem weiten Umland auf neue Grundlagen, bis 1543 die endgültige Haller Kirchenordnung im Druck erschien.

Es war für Brenz oberstes Prinzip, bei allen Reformen ausschließlich auf das Wort, auf Überzeugungskraft zu setzen und Zwang und Gewalt jeder Art zu meiden. Denn, so schrieb er 1526, »mit Gwallt will sich nymer kein glaub zwingen lassen«. Wer sich nicht durch das Wort belehren lasse, der solle durch das gute Vorbild überzeugt werden. Die Christen sollten jedem seinen Gott lassen und Einigkeit und Frieden in der Stadt (auch mit den Juden) nicht durch Streit und Unterdrückung gefährden.

Diesen Grundsatz der Gewaltfreiheit hat Brenz lebenslang durchgehalten. Als einer von nur wenigen Reformatoren wehrte er sich gegen die blutige Niederschlagung des Bauernkriegs 1525.

Er lehnte die reichsrechtliche Androhung der Todesstrafe für Täufer ab und kämpfte gegen Aberglauben und Hexenverfolgung. Er verneinte aber auch, dass die Evangelischen das Recht hätten, bewaffneten Widerstand gegen Kaiser Karl V. zu leisten, selbst wenn dieser die »wahre« Kirche mit dem Schwert verfolge.

Es gab deshalb in Hall auch keine gewaltsame Vertreibung der Anhänger des alten Glaubens; sie konnten noch viele Jahre in der Schuppach- und Johanniterkirche (▶ S. 77) die katholische Messe feiern. Auch ein Bildersturm blieb in Hall aus, nachdem Brenz schon in seinen frühesten Predigten 1523 der Gemeinde erklärt hatte, wie die Heiligen und ihre Darstellung biblisch zu verstehen und praktisch zu bewerten seien (▶ S. 44, 54). Allerdings sah sich Brenz in der Stadt auch Widerständen ausgesetzt, etwa von Seiten der Franziskanermönche oder durch einzelne Ratsmitglieder, die den alten Zeiten nachtrauerten. Und es gab natürlich unter den lebenslustigen Hallern auch Leute, die gerne tanzten und zechten und nun befürchteten, der allzu fromme Prediger wolle aus der Stadt ein großes Kloster machen.

Die Haller Reformation vollzog sich also schrittweise. Sie begann 1522 mit den ersten Predigten von Brenz, von denen einige auch als Flugschriften

gebannten Luther war, aber man merkte alsbald auch, dass er kein Mensch war, der provozieren und polarisieren wollte. Und in der Tat: Es ist erstaunlich, mit wie viel Sorgfalt, Augenmaß und Geduld der junge Brenz zu Werke ging. Dabei war es ein Glücksfall, dass seine beiden Kollegen und Heidelberger Freunde, Johann Isenmann, der neben ihm Pfarrer an St. Michael war, und Michael Gräter, der »jenseits Kochens« an St. Katharinen tätig war, am

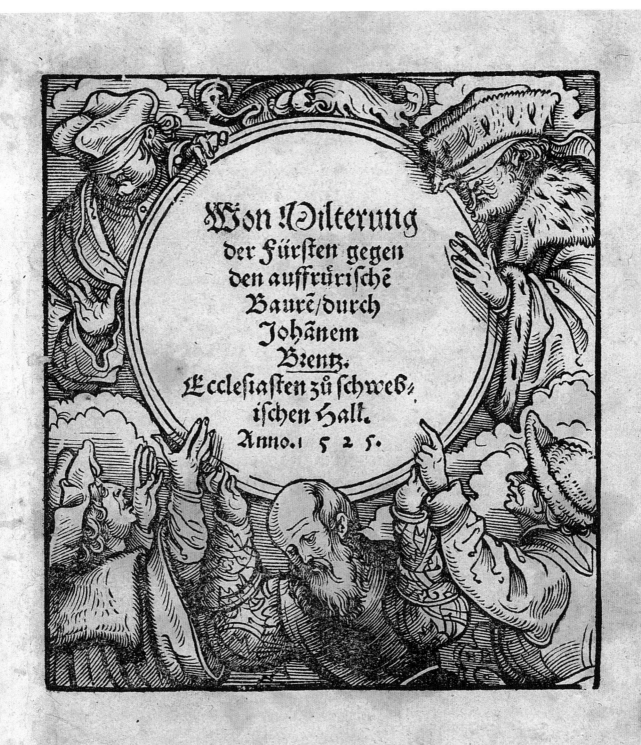

Won Milterung
der Fürsten gegen
den auffrürischē
Baurē/durch
Johānem
Brentz.
Ecclesiasten zů schweß,
ischen Hall.
Anno.1 5 2 5.

Nach dem Fund angeblich belastender Dokumente wurde sein Haus ausgeplündert und es gelang Brenz nur mit knapper Not und in Verkleidung, aus der Stadt zu entkommen.

Versehkästchen (für Haus-Abendmahl), wohl von Brenz, Schwäbisch Hall 1537/38

erschienen. 1524 wurde das Franziskanerkloster aufgehoben, die Lateinschule wurde in dessen Gebäude verlegt und vom Klostergut wurden die Lehrer besoldet, so dass das Schulgeld für die Schülerschaft (zu der jetzt auch Mädchen gehörten!) entfallen konnte. 1526 feierten Brenz und Isenmann in St. Michael das erste Abendmahl in lutherischer Form, und im folgenden Jahr entwarf Brenz eine neue Ordnung für die Gottesdienste sowie das Schul- und Armenwesen. Ebenso mussten Fragen des Eherechts geregelt werden.

In diesen Jahren kam es auch zum sogenannten ersten Abendmahlsstreit (▶ S. 57) zwischen den Anhängern Luthers und schweizerischen und oberdeutschen Theologen wie Huldrich Zwingli und Martin Bucer. Dieser Streit löste eine Flut von Briefen, Schriften und Diskussionen aus. Brenz nahm daran intensiv Anteil und wurde 1529 zum Marburger Religionsgespräch eingeladen, wo sich Luther und Zwingli zu diesem Thema trafen. Überhaupt wurde der Haller Prediger durch seine kompetente Beratertätigkeit bald weit über die Stadt hinaus bekannt und wirkte in mehreren benachbarten Territorien bei der Einführung der Reformation mit, so etwa in Brandenburg-Ansbach und Nürnberg und 1534/35 in Württemberg, wo er auch 1537/38 an der Reform der Universität Tübingen beteiligt war.

1530 nahm Brenz am Augsburger Reichstag teil und unterstützte Melanchthon bei der Ausarbeitung des Augsburger Bekenntnisses. Der soll über ihn gesagt haben: Er »wollt lieber einen einzigen Brentium bei sich im Concilio haben, denn [sonst] keinen andern Theologum, denn da wäre Verstand und Verständlichkeit, Rat und Tat beieinander«. Brenz war bei fast allen weiteren wichtigen Religionsgesprächen beteiligt, bis hin zum großen Trienter Konzil, das er im März/April 1552 mit einer württembergischen Delegation besuchte. Es sollte dort im Auftrag Herzog Christophs die von Brenz verfasste »Confessio Virtembergica« übergeben werden, aber die Protestanten wurden überhaupt nicht angehört.

Flucht aus Hall

Die letzten Jahre in Hall waren für Brenz zunehmend getrübt. Zunächst hatte ihn der Tod Martin Luthers am 18. Februar 1546 schwer getroffen, von dem er in Regensburg bei einem Religionsgespräch erfuhr. Wenig später begann der Schmalkaldische Krieg des Kaisers gegen die protestantischen Fürsten und Städte. Nach ihrem Sieg besetzten die spanischen Truppen Karls V. im Dezember 1546 auch die »abtrünnige« Reichsstadt Hall und schikanierten die Bevölkerung. Davon war auch Brenz betroffen, obwohl er sogar noch eine Predigt vor dem zunächst »gnädigen« Kaiser halten konnte. Nach dem Fund angeblich belastender Dokumente wurde sein Haus ausgeplündert und es gelang ihm nur mit knapper Not und in Verkleidung, aus der Stadt zu entkommen.

Im Januar 1547 konnte Brenz noch einmal nach Hall zurückkehren, doch Mitte 1548 verlangte der Kaiser ultimativ seine Auslieferung, weil er das »Augsburger Interim«, ein Reichsgesetz zur Wiederherstellung der katholischen Religion, vehement bekämpfte. Brenz konnte rechtzeitig fliehen, weil ein Ratsmitglied ihn gewarnt hatte, indem er ihm einen Zettel zusteckte: »Domine Brenti, fuge, fuge!« [Herr Brenz, flieht, flieht!]. So konnte man später in Hall guten Gewissens beteuern, dass man nichts »gesagt« habe. Auch die beiden Amtsbrüder Isenmann und Gräter mussten die Stadt verlassen. Für mehr als fünf Jahre musste Brenz nun ein unstetes Leben im Exil führen: zunächst im Herzogtum Württemberg, dann in Straßburg, Mömpelgard, Basel, anschließend wieder an geheimgehaltenen Orten in Württemberg und zuletzt in Tübingen.

Landespropst in Württemberg

Ende 1550 starb Herzog Ulrich von Württemberg und sein Sohn Christoph kam an die Regierung. Er nahm nach dem Ende des Interims den renommierten Theologen aus Hall dauerhaft auf und betraute ihn mit dem nun umfassend durchzuführenden Reformations- und Ordnungswerk für das Herzogtum. 1553 wurde Brenz als Landespropst der oberste Geistliche des Herzogtums und persönlicher Rat Herzog Christophs. 1559 erschien unter maßgeblicher Mitwirkung von Brenz die »Große Kirchenordnung«. Damit wurde er zum Vollender der württembergischen Reformation und zum eigentlichen Architekten der Landeskirche.

Johannes Brenz starb am 11. September 1570 in Stuttgart als einer der Letzten von den Reformatoren der ersten Stunde. Er hinterließ neben den gut geordneten evangelischen Kirchenwesen in Hall und Württemberg ein umfassendes theologisches Lebenswerk: Auslegungen über fast alle biblischen Bücher, zahllose Gutachten und Abhandlungen und nicht zuletzt einen genial kurzen und griffigen Katechismus (1535), der neben Luthers und dem Heidelberger als einziger reformatorischer Katechismus bis in die Neuzeit verwendet wurde.

Schließlich bleibt mit dem »Prediger von Hall« das Andenken an eine eindrucksvolle, integre und bescheidene Persönlichkeit, an den Reformator, der sich mehr als andere für Toleranz und Gewaltlosigkeit eingesetzt hat und der seiner Kirche durchaus des dankbaren Gedenkens wert sein sollte. ●

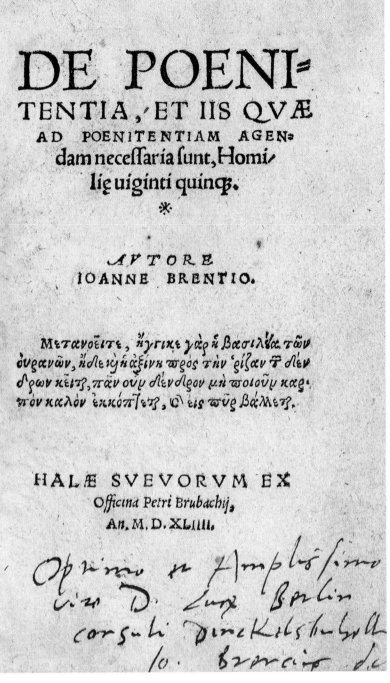

▶ **DR. CHRISTOPH WEISMANN**
war Pfarrer in Schwäbisch Hall und Kirchenhistoriker in Tübingen.

▶ **WEITERFÜHRENDE LITERATUR**
Johannes Brenz 1499–1570. Prediger – Reformator – Politiker. Begleitbuch zur Ausstellung, hg. von Isabella Fehle, Schwäbisch Hall 1999

Siegfried Hermle (Hg.), Reformationsgeschichte Württembergs in Porträts, Holzgerlingen 1999 (darin zwei Aufsätze zu Johannes Brenz)

Handschriftliche Widmung von Brenz auf seinem Buch »De poenitentia homiliae viginti quinque«, Schwäbisch Hall 1544. Sie lautet in deutscher Übersetzung: »Dem besten und hochangesehenen Mann, Herrn Lukas Berlin, Ratsherr in Dinkelsbühl, widmet Johannes Brenz [dieses Buch] als Geschenk.«

Kein Bildersturm in Hall

Ein Rundgang durch die Michaelskirche

VON ARMIN PANTER

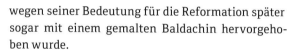

▶

Der »Brenzkelch«. Kaplan Kilian Kempffennagel stiftete 1516 diesen Silber vergoldeten Abendmahlskelch

▼

Die beiden »Palmesel« mit reitender Christusfigur wurden bis zur Reformation am Palmsonntag durch Schwäbisch Hall gezogen

Nachdem Johann Brencius, prediger zu Hall, zwey jar gepredigt [...] hat man im 1524. jar die papistischen ceremonien von tag zu tag fallen lassen, aber anno 1527 die kirchen reformirt, die papistischen mesz abgethon.« Nach den Worten des Chronisten Johann Herolt (1490–1562) war also 1527 die Kirche St. Michael endgültig evangelisch. Den symbolischen Akt hatte Johannes Brenz bereits zum Jahresende 1526 vollzogen. Laut glaubhafter Überlieferung soll er im Weihnachtsgottesdienst am Dreikönigsaltar erstmals das Abendmahl in beiderlei Gestalt ausgeteilt haben. Der noch vorhandene »Brenzkelch«, den der Reformator dabei verwendete, stammt aus vorreformatorischer Zeit und ist mit Inschriften und Heiligendarstellungen verziert. Ebenso ist noch der Dreikönigsaltar erhalten, der

wegen seiner Bedeutung für die Reformation später sogar mit einem gemalten Baldachin hervorgehoben wurde.

Ein Bildersturm hat in Hall also nicht stattgefunden. Man gebrauchte die alten Kelche weiter und beließ die Altäre und sonstigen Bildwerke. Kunstwerke, die eine biblische Geschichte erzählten, wurden offenbar akzeptiert, sogar Heiligenbilder, solange sie nicht zum anbetungswürdigen Objekt wurden und somit zum Götzendienst (Idolatrie) verleiteten. Suspekt waren dagegen Andachtsbilder wie etwa eine Pietà oder zwei Palmesel, die man daher auf den Dachboden verbringen ließ. So blieben nicht nur diese Holzskulpturen, die heute im Hällisch-Fränkischen Museum zu bewundern sind, sondern auch andere Bildwerke erhalten.

Dass der von Hans Beuscher geschnitzte Aufsatz (Retabel) des Michaelsaltars nicht entfernt wurde, verwundert, denn sein Bildprogramm steht im Gegensatz zu reformatorischem Gedankengut. Der um 1520 gestiftete Altar befand sich zunächst hinter dem Hochaltar. Man legte vor ihm die Beichte ab. St. Michael galt nämlich als derjenige, der die guten und bösen Taten jedes Menschen verzeichnete. Deshalb wurde er oft mit einer Seelenwaage dargestellt. Nach Einführung der Reformation brachte man das Retabel in die Sakristei, denn dort wurde nun die Beichte abgenommen.

Das Mittelstück (Schrein) des Retabels wird von einem Zieraufsatz (Gesprenge) mit Christus als Schmerzensmann gekrönt. Der Sockel (Predella) mit der Abendmahlsgruppe kam erst im 20. Jahrhundert dazu. Im Zentrum der Predella ist der Erzengel St. Michael in goldener Rüstung mit erhobenem Schwert dargestellt. Er steht auf dem sich win-

denden Satan. In seiner Linken hielt er ursprünglich eine Seelenwaage. Die beiden Seitenflügel zeigen im Relief gute und schlechte Taten und deren Folgen. Auf der linken Seite oben erkennen wir den barmherzigen Reichen, der den Armen Speisen austeilt. Gegenüber sieht man die sog. »Heilstreppe«. Vertreter aller Stände sind kniend dargestellt. Sie stellen die Christenheit in ihrer Ganzheit dar. Ihr Gebet wird von Maria erhört. Sie breitet ihren Mantel zu deren Schutz aus und zeigt ihrem Sohn die entblößte Brust, die ihn gesäugt hat. Christus wiederum zeigt Gott Vater seine Wundmale und weist ihn damit auf seinen Opfertod für den Sünder hin. So gelangen die Bitten über die »Vermittlung« von Maria zu Christus und schließlich zu Gott Vater. Auf dem linken Flügel unten sehen wir den armen Lazarus, als er vom Tisch des Reichen abgewiesen wird. Gegenüber wird in drastischen Bildern geschildert, wie es den Schlechten in der Hölle ergeht. Der aufgespießte Reiche schaut nach oben, wo er die Seele des armen Lazarus geborgen in Abrahams Schoß erblickt (Lukas 16).

Das Bildprogramm dieses Retabels passt ganz und gar nicht zu Luthers These, dass der Sünder allein durch den Glauben, nicht durch Werke gerechtfertigt wird. Zur Darstellung der Heilstreppe schrieb der Reformator: »Im Papsttum haben die Maler die Jungfrau Maria gemalet, dass sie dem Herrn Christo ihre Brüste, so er gesogen hat, weiset und dass sie unter ihrem Mantel Kaiser, Könige, Fürsten und Herren versammle, sie auch schütze und gegen ihren lieben Sohn vorbitte, dass er seinen Zorn und Strafe gegen sie fallen lasse. Darum hat sie jedermann angerufen und sie höher geehrt denn Christum. Ist also die Jungfrau Maria zum Greul oder zum

abgöttischen Bilde und Ärgernis (jedoch ohne ihre Schuld) gemacht«. Dennoch blieb der St. Michaelsaltar unverändert in der Kirche.

Die anderen Altäre in der Michaelskirche wurden in protestantischem Sinn umgestaltet. Der bereits erwähnte Dreikönigsaltar erhielt 1617 eine lateinische Inschrift, die sich nicht unmittelbar auf eine Darstellung bezieht: »Dem aber, der nicht mit Werken umgeht, glaubt aber an den, der die Gottlosen gerecht macht, dem wird sein Glaube gerechnet zur Gerechtigkeit« (Römer 4,5) (▶ S. 49). Dieser biblischer Vers ist der Kernsatz der Reformation: die Lehre von der Rechtfertigung allein durch den Glauben und nicht durch Werke. Somit sind die Heiligen nicht länger wegen ihrer Wunder, also wegen ihrer Werke, zu verehren, sondern sie sind nun als Beispiele besonderer Glaubensstärke zu betrachten.

Michael Beuscher, Retabel des Michaelsaltars, um 1520

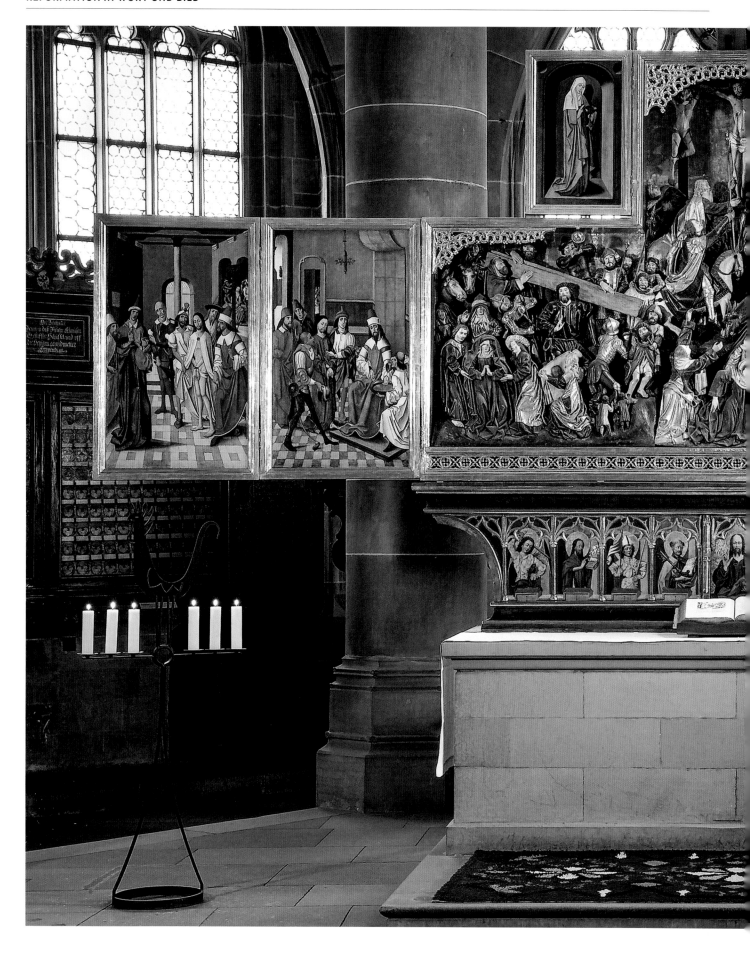

Hochaltar,
Antwerpen,
um 1460

RÖM: 4
Christus ist umb un-
ser sünden willen
dahin gegeben und um
unser gerechtigkeit willen
wider aufferwecket
2. Corint: 5
hat den der
von keiner sünde
wüste für uns zur sünde
gemacht auff das wir
würden in im die gerechti:

ESAIÆ. 53
Fürwar er trüg
unser kranckheit
und lud auff sich unsere
schmertzen
Die straff ligt auff im
auff das wier frid hetten, un
durch seine wunden sind wir geheilet
Er ist den übelthätern gleich gerechnet worden
Psalm 69
Ich muss bezalen da

Gleich wie erlöst die Ehrin Schlang
Das volck Gottes von gifftes Zwang

Des Sathans böse wunden
heilt Christus in uns ungesunden

Rückseite des
Hochaltars mit
Darstellung der
Ehernen Schlange,
Peter Völker, 1587

Die Inschrift lenkt die Bedeutung des Bildprogramms in evangelische Bahnen.

Vergleichbar reformierte man den Hochaltar, der in einer niederländischen Werkstatt, vermutlich Antwerpen, um 1460 gefertigt wurde. Das Retabel besitzt eine Höhe von 3 m und mit aufgeschlagenen Doppelflügeln eine Breite von 6,5 m. In geöffnetem Zustand sieht der Betrachter im überhöhten Mittelteil des Schreins eine geschnitzte Kreuzigungsgruppe, links davon die Kreuztragung und rechts die Kreuzabnahme. Die bemalten Flügel ergänzen die Passionsgeschichte. Links außen ist Jesus vor Herodes und Pilatus – das »Ecce homo« (Johannes 19,5: »Siehe, welch ein Mensch«) – dargestellt, auf der Tafel daneben die Handwaschung des Pilatus. Rechts vom Schrein sind die Auferstehung und die Höllenfahrt Christi wiedergegeben. Die beiden Flügel, die den überhöhten Mittelteil flankieren, zeigen links Ecclesia (die Kirche) mit dem Kelch des Heils und ihr gegenübergestellt die Personifikation der Synagoge mit Augenbinde und gebrochener Lanze.

Die Passionsgeschichte ist ein akzeptables Thema für eine evangelische Kirche. Und die Gegen-

überstellung von Ecclesia und Synagoge wird im Sinne Martin Luthers gedeutet, der häufig Stellen des Alten Testaments als Hinweis auf die Erfüllung im Neuen Testament zitierte. Auf der Rückseite des Schreins ist Grau in Grau die »Eherne Schlange« dargestellt. Als das Volk Israel wider den Herrn redete, schickte dieser feurige Schlangen, die viele Israeliten töteten. Moses bat für sein Volk. Der Herr erhörte ihn und antwortete: »Da mache dir eine eherne Schlange und richte sie zum Zeichen auf; wer gebissen ist und sieht sie an, der soll leben. Da machte Mose eine eherne Schlange [...] und wenn jemanden eine Schlange biss, so sah er die eherne Schlange an und blieb leben« (4. Mose 21,6–9).

Das Kreuz mit der Schlange nimmt den Mittelteil der Rückseite ein, es befindet sich exakt hinter dem Kruzifix auf der Vorderseite. Links steht Moses und weist auf das erlösende Zeichen. Viele blicken dorthin. Auf der Erde indes liegen jene, die nicht Folge leisten und daher im Kampf mit den Schlangen erliegen. Unter dem Bild steht die auf 1587 datierte Inschrift: »Gleich wie erlöst die ehrin Schlang / Das Volk Gottes von giftes Zwang, / Also des Sathans böse Wunden, heilt Christus in uns ungesunden, M. I. G.« Die letzten Buchstaben bilden die Initialen des Magisters Jakob Gräter (1547–1611), der damals das Pfarramt in St. Michael innehatte und somit für das veränderte Bildprogramm verantwortlich war.

Die Inschrift stellt eine Beziehung zwischen der neu gefassten Rückseite und der Kreuzigungsszene an der Vorderseite des Schreins her gemäß den Worten Jesu: »Und wie Mose in der Wüste die Schlange erhöhte, also muss des Menschen Sohn erhöht werden, auf dass jeder, der an ihn glaubt, nicht verloren gehe, sondern ewiges Leben habe« (Johannes 3,14–15). Die Errichtung der ehernen Schlange gilt als Hinweis auf die Errichtung des Kreuzes Christi.

Den tieferen Sinn dieser Typologie nennt uns eine im Zuge der Renovierung des Hochaltars angebrachte Inschrift auf der Rückseite des kleinen Flügels mit der Darstellung der Ecclesia. Dort wird Psalm 69,5 angegeben. Die Textstelle lautet in der Bibel: »Ich muss bezahlen, was ich nicht geraubt habe«. Auf der Tafel aber steht: »Ich muss bezahlen, da ich nicht geglaubt hab«. Gräter veränderte die Bibelstelle und gab ihr einen völlig anderen Sinn.

Gräter nahm hier ein Bildprogramm auf, das schon öfter von Lucas Cranach d. Ä. gemalt worden war, um die zentrale These Luthers der Rechtfertigung allein aus dem Glauben zu verbildlichen. Jene, die auf die Schlange blickten, wurden gerettet; jene die auf das Kreuz blicken, also jene, die glauben, werden erlöst. Luther erläuterte mehrfach in seinen Schriften, dass der Blick auf die eherne Schlange gleichzusetzen sei mit dem Glauben. Das Ringen mit den Schlangen indes meine das Handeln, das Sich-Bemühen, durch gute Werke Erlösung zu erlangen; dieses Mühen sei jedoch zum Scheitern verurteilt.

Auf diese Art und Weise ist auch der mittelalterliche katholische Hauptaltar zu einem Träger der reformatorischen Botschaft von der Rechtfertigung allein durch den Glauben geworden. Die mittelalterliche Gegenüberstellung von Ecclesia (Blick auf den Kelch) und Synagoge (verbundene Augen) wird neu interpretiert: Heil ist im Aufsehen auf Christus. ●

Retabel des Dreikönigsaltars, um 1521

▶ **DR. ARMIN PANTER**
  ist Leiter des Hällisch-Fränkischen Museums in Schwäbisch Hall.

. . . .

▶ **WEITERFÜHRENDE LITERATUR**
  Wolfgang Deutsch, Die Denkmale der Michaelskirche einst und jetzt, in: St. Michael in Schwäbisch Hall, hg. vom Historischen Verein für Württembergisch Franken, Künzelsau 2006

  Armin Panter, Die Auswirkung der Reformation auf die Ausstattung von St. Michael in Schwäbisch Hall, in: Aufbruch in die Neuzeit. Das nördliche Württemberg im 16. Jahrhundert, hg. von Peter Schiffer (Forschungen aus Württembergisch Franken, Bd. 53), Künzelsau 2012

Klöster werden Schulen

Reformation und Bildung
—

VON HERMANN EHMER

J ohannes Brenz war ein Musterschüler. Seine Eltern hatten ihn im Alter von sechs Jahren in die Lateinschule in Weil der Stadt geschickt. Der junge Brenz war so eifrig, dass er nachts regelmäßig aufstand, um zu lernen. Dabei soll ihm stets auch einer seiner jüngeren Brüder in die Stube gefolgt sein, um dort – wohl auf der Ofenbank auf das mitgebrachte Kissen gebettet – weiterzuschlafen, um den lernenden Bruder nicht allein zu lassen.

Als Reformator von Schwäbisch Hall erkennt Brenz, wie wichtig die Schulen für die erneuerte Kirche sind. Im Sprachgebrauch der damaligen Zeit ist mit dem Begriff »Schule« jede Ausbildungsstätte gemeint, von der Schule der ABC-Schützen bis zur Universität. Brenz erarbeitet 1526/27 für den Haller Rat den Entwurf einer Kirchenordnung. Hier äußert er sich im Anhang ausführlich zum Schulwesen. Brenz begründet dies damit, dass es um den »gemeinen Nutzen« gehe, um das Wohlergehen eines jeden und der Stadt insgesamt. Deshalb sei es Pflicht der Obrigkeit, für die Erziehung und Ausbildung der Kinder zu sorgen. Wenn man schon in Friedenszeiten vieles für die Verteidigung der Stadt aufwende, solle man auch etwas für die Erziehung der Jugend tun.

Ein Blick auf die heute noch vorhandenen stattlichen Reste der Haller Stadtbefestigung, die damals ausgebaut wurde, lässt vermuten, dass nicht jeder der Ratsherren mit diesem Vergleich der Rüstungsausgaben mit den Aufwendungen für die Bildung einverstanden war.

Brenz schlägt praktische Maßnahmen vor. Zum einen soll die Stadt einen Schulmeister und einen Kantor fest anstellen und besolden, damit die Eltern kein Schulgeld zahlen müssen. Das Schulgeld diene nämlich vielen Eltern als Vorwand, ihre Kinder nicht in die Schule zu schicken. Da die Jugendlichen in Hall im Allgemeinen für handwerkliche Berufe bestimmt sind, so Brenz weiter, sollen sie je eine Stunde vor- und nachmittags zur Schule gehen. Neben diesen zwei Schulstunden täglich ist genug Zeit, noch ein Handwerk zu lernen. Brenz vertritt hier also ein duales System. Außerdem rät er von einer schulischen Überforderung ab, denn mit den Schülern ist es wie mit einem Trichter: Schüttet man zu viel hinein, geht das Meiste daneben.

◄

Diese Häuser neben dem Rathaus bilden die einzigen Überreste des ehemaligen Franziskanerklosters, in dem nach der Reformation die Lateinschule untergebracht wurde. Links (Am Markt 4) das Stellwaghaus, rechts (Am Markt 5) das Widmannhaus. Das Nebenhaus in der Mitte mit dem schönen Renaisanceportal wurde erst später angebaut

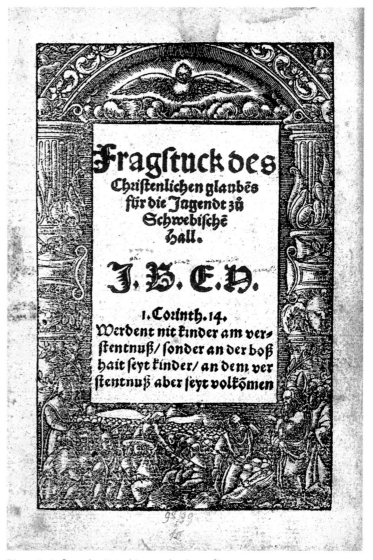

Die erste Auflage des Katechismus, den Brenz für Schwäbisch Hall verfasste. Sie erschien 1528

Wenn die Schüler ein wenig lesen können, muss man zusehen, wer dafür tauglich ist, Lateinisch zu lernen, um später einmal einen entsprechenden Beruf zu ergreifen. Brenz ist also für ein gegliedertes Schulwesen, das in der »deutschen Schule«, wie man sie damals nennt, eine Grundlage legt und die Begabten in der »lateinischen Schule« weiter fördern soll.

Für die Mädchen soll man eine Lehrerin anstellen, die ihre Schülerinnen im Lesen und Schreiben unterrichtet. Die allgemeine Mädchenbildung ist eine Neuerung, die Brenz deswegen auch begründet. Die Heilige Schrift richte sich nicht allein an die Männer, vielmehr auch an die Frauen. Beiden, Männern wie Frauen, gilt die christliche Hoffnung.

Der Schulplan von Brenz ist nicht mehr als eine Skizze. Wichtig ist Brenz die Begründung, weshalb sich die Obrigkeit des Schulwesens anzunehmen hat. Er mutet damit dem Haller Rat einige Neuerungen zu, vor allem hinsichtlich der Lehrerbesoldung, der Schulgeldfreiheit und der Mädchenbildung. Doch

Jeder Christ sollte über seinen Glauben wenigstens in den wichtigsten Stücken Bescheid wissen.

Kloster Maulbronn von Westen her mit dem inzwischen trockengelegten Gartensee im Vordergrund. Titelblatt des Stammbuchs des Klosterschülers Christian Friedrich Hiller, 1788

seine Forderungen sind letztlich recht maßvoll. Dennoch ist manches von den Brenzschen Vorschlägen Papier geblieben, so die gemeinsame Eingangsstufe für die lateinische und die deutsche Schule.

Immerhin brachte man im Gebäude des Franziskanerklosters, das die Mönche 1524 dem Rat übergeben hatten, die Lateinschule unter. Dafür wurde das Gebäude hergerichtet und neues Lehrpersonal eingestellt. Auch wurde den Geistlichen die Aufsicht über das Schulwesen übertragen. Empfehlungsbriefe, die Brenz Schülern der Haller Lateinschule mitgab, die an die Universität gingen, zeigen seine Sorge für Schule und Schüler.

Über das deutsche Schulwesen berichten uns die Quellen erheblich weniger. Das entspricht der zeitüblichen Einschätzung. Dennoch wurde auch auf diesem Gebiet Grundlegendes geleistet. Eine Ordnung für die deutsche Schule in Hall stammt aus den 1570er Jahren. Aus ihr wird ersichtlich, dass dem Katechismusunterricht ein wichtiger Platz in der deutschen Schule zukam. Hier hatte der von Brenz verfasste Katechismus seinen Platz. Luther hatte bereits einen Kleinen Katechismus verfasst, und viele reformatorische Theologen folgten ihm darin nach. So auch Brenz, der für Schwäbisch Hall einen Katechismus verfasste, der 1528 im Druck erschien und 1535 in einer Neufassung herauskam. Brenz nannte dieses Büchlein *Fragstück des christlichen Glaubens für die Jugend zu Schwäbisch Hall*. Das bedeutet, dass diese kurze Darstellung des christlichen Glaubens im Frage-Antwort-Schema gehalten war. Inhaltlich folgt Brenz' Katechismus dem Gang des Christenlebens. Er beginnt mit der Taufe, es folgen Glaubensbekenntnis, Vaterunser, Zehn Gebote und das Abendmahl. Diese Arbeit von Brenz ist nach Luthers Kleinem Katechismus im evangelischen Raum der am meisten verbreitete lutherische Katechismus geworden.

Im Vorwort schrieb Brenz über seinen Katechismus: »Den befehlen wir euch von Wort zu Wort auswendig zu lernen.« Das war unmissverständlich. Jeder Christ sollte über seinen Glauben wenigstens in den wichtigsten Stücken Bescheid wissen. Aber wer sollte diese Lehraufgabe übernehmen? In der Stadt gab es auch schon vor der Reformation Schulen, die nun neu eingerichtet wurden. Doch Schule war bis dahin eben eine städtische Angelegenheit gewesen. Nun aber musste die Schule auch auf die Dörfer kommen. Die Aufgabe des Katechismusunterrichts ging dort auf die Mesner über. Daraus entwickelte sich die Mesnerschule, die sich im gesamten evangelischen Deutschland jener Zeit findet und die später auch in den katholischen Territorien eingeführt wurde. Damit war das Schulwesen flächendeckend geworden. Mit dem Katechismusunterricht war die Grundlage des ländlichen Schulwesens und des allgemeinen Schulwesens überhaupt gelegt. Wer den Katechismus lernen sollte, musste ihn auch lesen können und konnte auf dieser Grundlage auch das Schreiben lernen.

Gewiss dauerte es längere Zeit, bis sich dieser Bildungsanspruch durchsetzte. Zum einen gestaltete sich das Schulwesen

in den verschiedenen Territorien des Reichs durchaus unterschiedlich. Zum anderen gab es je nach den vorhandenen Mitteln von Ort zu Ort nicht unbeträchtliche Unterschiede. Doch kann man sagen, dass in den fortgeschritteneren Territorien schon im 18. Jahrhundert jedermann lesen, die meisten Leute aber auch schreiben konnten.

Die in Schwäbisch Hall mit der Einstellung von Brenz 1522 beginnende Reformation beschränkte sich nicht nur auf die Stadt und ihr Landgebiet. Vielmehr wurde Brenz ein gesuchter Ratgeber in allen Fragen, die mit der Reformation zusammenhingen. Für die größeren Territorien stellte sich das Problem der Klöster, für die man eine neue Nutzung finden musste, weil die klösterliche Lebensform als unevangelisch angesehen wurde. Vor allem für die Klöster des Benediktiner- und des Zisterzienserordens war es nicht leicht, eine stiftungsgemäße Nutzung zu finden. Für die Markgrafschaft Brandenburg-Ansbach schlug Brenz 1529 vor, diese Klöster im Laufe der Zeit zu höheren Schu-

len weiterzuentwickeln. Entsprechende Versuche wurden dort gemacht, führten aber nicht zu bleibenden Ergebnissen.

Erst als Brenz mit der Organisation der evangelischen Kirche des Herzogtums Württemberg betraut war, konnte er diesen Gedanken dauerhaft umsetzen. 1556 wurden in 13 württembergischen Klöstern sog. Klosterschulen eingerichtet. Diese verhältnismäßig große Zahl ließ sich freilich nicht halten. Nach dem Dreißigjährigen Krieg waren noch vier übrig. Diese Zahl hielt sich trotz mannigfacher Änderungen bis 1975 bzw. bis 1977. Heute sind es zwei Schulen, in Maulbronn und Blaubeuren, die auf die Gründung von 1556 zurückgehen und derzeit als Gymnasien mit Internat weiter ausgebaut werden. •

▶ **DR. HERMANN EHMER**
war von 1988 bis 2008 Direktor des
Landeskirchlichen Archivs Stuttgart.

Johannes Brenz und die Diakonie

Die württembergische »Kastenordnung«

VON FRANK OTFRIED JULY

▲
Titelblatt der Predigt
von Johannes Brenz
am Jakobitag 1523

▶
Almosentafel in der
St. Katharinenkirche
von 1540

Johannes Brenz war ein Theologe und Kommunikator mit Herz! Er nahm großen Einfluss auf die Gestaltung des gesellschaftlichen Lebens zur Reformationszeit. Seiner Überzeugung nach äußert sich das Gebot der Nächsten- und der Feindesliebe darin, sich den Armen und Bedürftigen zuzuwenden. Sie seien die wahren Heiligen! – So sagte Brenz es in seiner Predigt am Jakobitag 1523 in Schwäbisch Hall: »Mit Geld, Hilfe oder anderem musst du die jetzt lebendigen Heiligen verehren, welches arme, bedürftige, unterdrückte Leute sind.«

Von der institutionalisierten Diakonie im heutigen Sinne kann im Blick auf die damalige Zeit noch nicht die Rede sein. Diakonie im 16. Jahrhundert war nicht das vielfältige Angebot für Menschen in verschiedenen Lebenslagen, das wir heute kennen. Diakonie, was übersetzt »Dienst« bedeutet, war zur Zeit von Johannes Brenz in erster Linie zu verstehen als finanzielle Unterstützung.

Das diakonische Engagement von Brenz zeigte sich also zum einen in seinen Predigten und zum anderen in Kirchenordnungen, die er mit geprägt hat. In diesen Ordnungen wurde sowohl das kirchliche Leben als auch das Auftreten der Kirche in der Gesellschaft geregelt. Brenz entwarf die Schwäbisch Haller Kirchenordnung von 1526/27 und wurde später auch bei der Erstellung der Württembergischen Kastenordnung hinzugezogen. Der Name »Kasten«

geht auf den Behälter zurück, in dem Geld gesammelt wurde. Die Kastenordnung legte demgemäß die Verwendung der Gelder fest.

In der Haller Kirchenordnung rief Brenz zur Unterstützung der Armen auf. Dafür sei die christliche Kirche zuständig, denn auch die Apostel, vor allem Paulus und Barnabas, haben Spenden gesammelt. Außerdem sei die Abgabe des Zehnten dazu eingeführt worden, und nun sei es sinnvoll, sowohl an allen Feiertagen in der Predigt zur Unterstützung aufzurufen als auch vor oder in der Kirche Geld einzusammeln.

Der Theologe genoss das Vertrauen von Herzog Ulrich, der sich für die gute Versorgung bedürftiger Menschen einsetzte gemäß dem hessischen Vorbild von Landgraf Philipp. Auch wenn der Haller Reformator nicht immer einer Meinung mit der Obrigkeit war, konnte er seine Ansichten offensichtlich geschickt vermitteln.

Will man Brenz' diakonischen Einfluss erfassen, muss man die Große Kirchenordnung von 1559 für das Herzogtum Württemberg hinzuziehen. Darin bildet die sog. »Kastenordnung« einen wichtigen Bestandteil. Sie reicht zurück auf die Vorläufer von 1552 und 1536. Diese Ordnung für das Armenwesen einschließlich Spitälern und Siechenhäusern regelte Strukturelles, Finanzielles und Personelles. Darin wurde auch festgehalten, dass Herzog Christoph – wiederum auf den Rat von Brenz hin – das Gehalt für Lehrer und Pfarrer sowie andere kirchliche Ausgaben aus dem Kirchengut entnahm und dieses im »Allgemeinen Kirchenkasten« durch eine eigene »geistliche« Finanzbehörde verwalten ließ.

Auf der örtlichen Ebene ließen die Herzöge Ulrich und Christoph die »Armenkästen« errichten. Somit

ORdnung eins ge-
meinen kasten/ für die armen/
wie der allenthalb im Fürstenthumb
Wirtemberg angericht
soll werden.

Anno M. D. XXXVI.

Die württembergi-
sche »Kastenord-
nung« von 1536

war an erster Stelle die Einzelgemeinde für die di-
rekte Armenversorgung zuständig. Die Verwaltung
der Finanzen am Ort oblag den sog. »Heiligenpfle-
gern«. Das heutige System der Kirchenpflegerinnen
und -pfleger in der Kirchengemeinde vor Ort und der
Kirchlichen Verwaltungsstellen in den Kirchenbe-
zirken baut übrigens darauf auf.

Ein Beispiel, wie der »diakonische Auftrag« auf
der örtlichen Ebene der Gemeinden erfüllt werden
sollte, lautet nach der Großen Kirchenordnung von
1559: Man soll an Sonn- und Feiertagen in der Kirche
vor oder nach der Predigt mit dem »Säcklein« das Almosen sammeln. Es soll auch vor jeder Kirchentür
ein ehrbarer Mann stehen, der mit einer Schüssel Na-
turalgaben einsammelt. Ferner sollen etliche Leute
verordnet werden, die am Sonntag und Mittwoch
mit einer verschlossenen Büchse für das Geld »und

auff dem Rucken ein Korb oder Butten, das Brott oder
anders darein zůsamlen« durch alle Gassen der Dörfer und Städte gehen. In der Hand sollen sie eine Glo-
cke oder Schelle haben, damit jeder ermahnt werde,
das Almosen zu reichen. Des Weiteren soll in jedem
Wirtshaus eine verschlossene Büchse »bey der
Wandt des obern Tischs«, also unter der Aufsicht
des ausschenkenden Wirts, angebracht sein, dabei
eine Tafel mit dem Spendenzweck, und der Wirt soll
seine Gäste, vor allem die auswärtigen, »zůr Steür
und Handtreichung getrewlich vermahnen«.

Geld zur Unterstützung für arme Menschen
wurde darüber hinaus gesammelt zu Erntezeiten
und nach Hochzeiten und Beerdigungen. Stadt-
schreiber, Testamentsvollstrecker und Pfarrer wurden zudem aufgefordert, Testamente für bedürftige
Menschen zu bestimmen. Arme sollten sich im Übrigen dadurch ausweisen, dass sie an der Kleidung
ein Zeichen ihrer Stadt trugen. Dieses Zeichen war
oft aus Blech gefertigt und wurde vom Heiligenpfle-
ger ausgegeben – daher stammt der schwäbische
Ausdruck »Heiligs Blechle«.

Johannes Brenz hat an seinen Wirkungsstätten
in Schwäbisch Hall und in Stuttgart als Prediger
und Theologe Einfluss auf Kirche, Staat und Gesellschaft genommen. Seinen Einfluss machte er poli-
tisch, ethisch und juristisch geltend und wirkte dadurch auch diakonisch – zum Wohl der Menschen. ●

▶ DR. H.C. FRANK OTFRIED JULY
ist seit 2005 Landesbischof der Evangelischen
Landeskirche in Württemberg.

Brenz und seine aktuelle Bedeutung

Abendmahl, Kirchenordnung und Predigtgottesdienst

VON FRANK ZEEB

Zwischen Lutheranern und Reformierten kam es im südwestdeutschen Raum immer wieder zu Auseinandersetzungen um das Abendmahl. Aufgrund der Nähe zur Schweiz neigten viele Theologen zur reformierten Auffassung. Als Herzog Ulrich 1534 in Württemberg die Reformation einführte, löste er den Konflikt pragmatisch: Das Land wurde religiös geteilt: »Ob der Steig« (der Stuttgarter Weinsteige), also südlich von der Hauptstadt, sollte nach der reformierten Lehre gepredigt und geglaubt werden, unterhalb (also im nördlichen Landesteil) aber nach der lutherischen.

Das Problem war damit nur oberflächlich gelöst und schwelte unter der Hand weiter. Immer wieder wurde Johannes Brenz um Rat gebeten. Er fand schließlich die Lösung: Christus ist nach seiner göttlichen Natur im Abendmahl präsent, nach seiner menschlichen Natur ist er – »das Wort ward Fleisch und wohnte unter uns« (Johannes 1,14) – in seinem Wort bei uns.

Streit um das Abendmahl

Der Streitpunkt lautete: In welcher Form ist Jesus Christus beim Abendmahl bei uns? Nur nach seiner göttlichen Natur – denn als Gott kann er überall sein? Oder auch nach seiner menschlichen Natur? – Dann stellt sich aber das Problem, dass der menschliche Körper nur an einem Ort zur gleichen Zeit sein kann.

Die lutherische Lehre betont die Göttlichkeit: Da die Person Jesus Christus nicht geteilt werden darf und die beiden Naturen nicht gegeneinander ausgespielt werden dürfen, ist er ganz und auch nach der menschliche Natur »real« anwesend. Die reformierte Tradition setzt auf die logische Stimmigkeit: Der Leib Christi kann nur an einem Ort gleichzeitig sein, also sind Brot und Wein »sichtbare Zeichen« für die Gegenwart Christi.

Dieses Wort lautet nun aber: »Dies ist mein Leib«. Das heißt: Brot und Wein sind zwar ein Zeichen, aber gleichzeitig sind sie auch das, was sie bezeichnen: Christi Leib und Blut, weil Christus und sein Wort identisch sind. So ließen sich ein symbolisches Verständnis und ein reales Verständnis miteinander vereinen.

Diese Lösung konnte von beiden Parteien akzeptiert werden und wurde im Katechismus von 1535/36 formuliert: »Das Abendmahl ist ein Sakrament (damit war die lutherische Seite abgedeckt) und göttlich Wortzeichen (damit war dem symbolischen Verständnis der reformierten Tradition Genüge getan)«. Bis heute lernen deshalb die Konfirmandinnen und Konfirmanden in der evangelischen Landeskirche in Württemberg zwar den Kleinen Katechismus Martin Luthers – aber bei den Sakramenten Taufe und Abendmahl eben nicht die Erklärungen Luthers, sondern die Formulierungen von Brenz.

Johannes Brenz war zudem auch ein genialer Verfasser von Kirchenordnungen. Sein Wirken spiegelt sich in der heutigen Kirchenverfassung Württembergs noch immer wider: Die örtlichen Kirchengemeinden haben hier eine größere Autonomie als in den meisten lutherischen Landeskirchen.

Und drittens: Die württembergische Landeskirche hat als Grundform des Sonntagsgottesdienstes nicht die evangelische Messe, sondern den oberdeutschen Prädikantengottesdienst. Dieser ist wesentlich schlichter, hat weniger feste liturgische Stücke und bietet damit mehr Gestaltungsmöglichkeiten. Diese Form ist inzwischen in den meisten Landeskirchen als Grundform II neben der Messe akzeptiert und wird für Zweit- und Jugendgottesdienste gerne verwendet. Das »Gotteslob«, das neue Gesangbuch der römisch-katholischen Kirche, macht im Regionalteil der Diözese Rottenburg-Stuttgart einen Vorschlag für einen ökumenischen Gottesdienst, der sich an den Prädikantengottesdienst anlehnt – ein weiteres Zeichen für die ökumenische Weite Württembergs, die wir letztlich Johannes Brenz verdanken. ●

Die württembergische Große Kirchenordnung von 1559

▶ KIRCHENRAT DR. FRANK ZEEB
ist Referatsleiter für Theologie, Kirche und Gesellschaft im Evangelischen Oberkirchenrat in Stuttgart.

HALA.

Kocher flu.

A. S. Niclaus.   B. Der Saw'marckt.   C. S. Maria.   Die Haupt Kirch S. M
I. S. Ilgen.   K. Das Hall.   L. Iohaniter Ritter Hoff.   M. Ein

Schwäbisch Hall zwischen Krisen und Aufbruch

Von der Reformation bis heute

—

VON ANDREAS MAISCH

E. *Barfußer Kirch.* F. *Das Zeughauß.* G. *Stifft Conberg.* H. *S. Catharina.*
Leonhart Kern delin.

Ansicht der Stadt
Schwäbisch Hall,
Matthäus Merian 1643

Nach 1548 steckte die nunmehr protestantische Reichsstadt zunächst in einer tiefen Krise: Der Kaiser verlangte nach seinem Sieg über die Protestanten im Schmalkaldischen Krieg enorme Entschädigungen, die Verfassung der Stadt wurde in kaiserlichem Sinne umgemodelt. Es dauerte ca. zehn Jahre, bis diese Änderungen wieder rückgängig gemacht waren.

Ein Akzent städtischer Politik in der zweiten Hälfte des 16. Jahrhunderts lag auf dem Ausbau des Bildungswesens. Die Lateinschule wurde gefördert, deutsche Schulen entstanden in Stadt und Land, die nun auch besser überwacht wurden als vorher. Mit dem Erwerb Unterlimpurgs 1541 und dem der Herrschaft

Vellberg (ab 1595) gelangen der Reichsstadt große territoriale Zugewinne.

Alle wirtschaftlichen und intellektuellen Erfolge des 16. Jahrhunderts drohten durch die religiösen Spannungen und die Lahmlegung der Reichsinstitutionen zunichte gemacht zu werden. 1609 und 1610 tagte die protestantische Union in Hall. Beim zweiten Termin wurde die gastgebende Stadt selbst Mitglied in diesem Bündnis. 1618 (nach dem lange erwarteten Ausbruch des großen Krieges) verabschiedete man sich schnell wieder aus der Union und versuchte, zwischen den Fronten zu lavieren. Das ging gründlich schief. Ab 1628 waren dauerhaft katholische Truppen in der Stadt stationiert. 1629 wurde sie mit Rückforderungen von Klostergut kon-

frontiert, denen nur hilflose Proteste entgegenzusetzen waren. Das Eingreifen Gustav Adolfs von Schweden und die Vertreibung der katholischen Truppen wurden durchaus als Befreiung empfunden – bis sich herausstellte, dass schwedische Soldaten nicht weniger anspruchsvoll waren als kaiserliche und ähnlich wenig Rücksicht nahmen. Die Niederlage der Schweden bei Nördlingen und der Ausbruch der Pest 1634 ließen Schwäbisch Hall in die Katastrophe treiben. Von 1634 bis 1639 verzeichnen die Totenbücher der Stadt fast 3.200 Bestattungen – in einer Stadt mit 5.000 Einwohnern! Viele Todesfälle betrafen allerdings Flüchtlinge vom Land, die einen trügerischen Schutz hinter den Mauern der Stadt gesucht hatten. Ihre Kriegskosten bezifferte die Stadt nach dem Ende des Krieges 1648 auf 3,6 Millionen Gulden, die zum Teil durch den Verkauf städtischen Besitzes gedeckt wurden.

Der Wiederaufbau dauerte lange und wurde durch weitere häufige Kriege unterbrochen. Immerhin gelang die Wiederbelebung des Salzhandels durch Verträge mit benachbarten Territorien und die Einrichtung von Handelsniederlassungen z. B. in Neckarsulm.

Ein Stadtbrand reduzierte 1728 den größten Teil der Kernstadt (westlich vom Markt bis zum Kocher, von der Haalstraße im Süden bis zum Spital im Norden) zu einem Trümmerhaufen (▶ S. 18). Die neue Stadt entstand in barocken Formen und schuf sich mit der Neuen Straße eine Hauptachse, die einen praktischen Nebenzweck als Brandschneise erfüllte. Das Rathaus (1735 eingeweiht), das Hospital (Kirche 1738 geweiht) und die Bürgerhäuser an der Nordwestecke des Marktplatzes sowie in der Marktstraße entstanden. Die Stadt erlebte eine zweite Blütezeit.

Seit 1655 war aus der Lateinschule ein akademisches Gymnasium geworden. Ende des 18. Jahrhunderts besuchten zwischen 20 und 30 % der männlichen Kinder diese Schule, die Mädchen grundsätzlich verschlossen blieb. Die deut-

Unterlimpurg:
Von der »Haupt«- zur Vorstadt

Die Burg Limpurg war um 1230 entstanden. Das zur Burg gehörende Dorf hatten die Herren von Limpurg (die nach ihrem Amt im Reichsdienst »Schenken« genannt wurden) mit allem ausgestattet, was zu einer kleinen Residenz gehörte. An der Marienkirche bestand schon seit 1283 eine eigene Pfarrei, daneben stand ein Spital (später Gastwirtschaft »Schwanen«). Es gab ein Zollhaus, Amtshäuser und ein »Judenhaus«. Das Patronat der Marienkirche geriet später in Vergessenheit: Aus ihr wurde eine Urbanskirche (▶ S. 74). Juden allerdings durften auch, nachdem Unterlimpurg 1541 reichsstädtisch geworden war, noch dort wohnen: Ab 1688 entstand dort eine kleine, aus zwei Familien bestehende Ansiedlung. Das Haus Unterlimpurger Straße 65 beherbergte die Zimmersynagoge, die heute im Hällisch-Fränkischen Museum ausgestellt ist (▶ S. 79).

schen Schulen sorgten für eine Grundausbildung aller Kinder. Am Ende des 18. Jahrhunderts waren die Basisfähigkeiten Schreiben und Lesen weit verbreitet.

1802 endete die Reichsstadtära für Schwäbisch Hall. Die Stadt wurde von Württemberg übernommen und Sitz eines Oberamtes. Das Landgebiet ging verloren, die Landgemeinden wurden selbständig. Es endeten auch die vielfältigen wirtschaftlichen Privilegien, die bislang die Stadt gegenüber dem Land bevorzugt hatten. Die Stadtmauern wurden zu großen Teilen niedergelegt, auch drei der fünf großen Stadttore verschwanden. Selbst Kirchen wie die Schöntaler Kapelle am ehemaligen Stätt-Tor und die Marienkirche in der Schuppach ließ das Königreich abreißen.

Ökonomisch entwickelte sich Schwäbisch Hall im 19. Jahrhundert eher langsam – gemessen am dynamischen Aufbruch etwa Heilbronns, das um 1800 noch etwa so groß wie Hall gewesen war. Die Eisenbahn kam spät (1862). Die Stadt setzte auf Tourismus, den der Ausbau des Solbades fördern sollte (▶ S. 25). Immerhin entstand nach 1850 eine recht bedeutende jüdische Gemeinde in der Stadt selbst. Landjuden wanderten aus Steinbach oder Braunsbach zu. 1872 wurde Marx Reiß der erste Gemeinderat jüdischen Glaubens; ihm folgten Heinrich Herz und Beni Wolff.

Der Erste Weltkrieg unterbrach den Tourismus und zerstörte wirtschaftliche Verflechtungen. In den 1920er Jahren versuchte man wieder attraktiv für Reisende zu werden: Seit 1925 wird auf der großen Treppe vor St. Michael auf 53 Stufen Theater gespielt. Die Freilichtspiele ziehen jedes Jahr zehntausende Besucher an.

Wichtig wurde die Ansiedelung der Diakonissenanstalt 1886, die (nach einigen anfänglichen Krisen) ihre Aufgabenfelder immer weiter ausdehnte (▶ S. 90 f.). Zum Krankenhaus kam ab 1900 die Betreuung geistig Behinderter hinzu. Der Neubau des Krankenhaushochhauses (eingeweiht 1937) dokumentierte die

Jedermann-Aufführung der Freilichtspiele 1932

Der abgemeißelte und mit dem württembergischen Wappen übermalte Reichsadler auf dem Wappenstein des ehemaligen Unterwöhrdtores: ein Symbol für das Ende der Reichsstadt

äußerliche Erfolgsgeschichte. Innerlich war zu diesem Zeitpunkt die Anstalt unter erheblichen Druck geraten: Die seit 1933 regierenden Nationalsozialisten griffen tief und unchristlich in die Fürsorge für die Behinderten ein. Auf Zwangssterilisierungen ab 1934 folgten 1941 Deportationen. 173 Pfleglinge wurden in Grafeneck ermordet.

Nach 1933 wurde auch die jüdische Gemeinde systematisch zerstört. Den meisten Hallerinnen und Hallern jüdischen Glaubens gelang zwar die Flucht, aber mindestens 42 starben in den Todeslagern. Ab 1944 entstand in Hall selbst beim Bahnhof Hessental ein Konzentrationslager, in dem von 800 Gefangenen fast 200 den Tod fanden (▶ S. 84 f.).

Die Stadt selbst kam relativ unzerstört durch den Zweiten Weltkrieg. 1945 brannte das Rathaus durch amerikanische Brandbomben aus. Flüchtlinge und Vertriebene strömten nach Schwäbisch Hall, was die Religionsstruktur der Stadt völlig veränderte. Zum (positiven) Anknüpfungspunkt für die Zukunft wurde die kriegsbedingte Verlagerung der Bausparkasse der deutschen Volksbanken

aus Berlin nach Hall. 1944 nahm das Unternehmen hier seine Tätigkeit auf. In den Nachkriegsjahren expandierte es gewaltig. Seit 1956 führt es den Namen der Stadt als Firmennamen.

Viele weitere Unternehmen ließen sich nach 1945 in Hall nieder oder expandierten aus kleinen Anfängen der Vorkriegszeit. Manche gingen sogar auf Verarbeitungsbetriebe für Lebensmittel zurück, die sich angesichts des reichen agrarischen Umlandes entwickelt hatten.

Das Solbad, Monument der Tourismushoffnungen des 19. Jahrhunderts, wurde 1968 abgerissen (▶ S. 25). An seine Stelle trat das neue Solbad beim Hotel Hohenlohe. Das Pfingstfest der Salzsieder und die Freilichtspiele erwiesen sich als lebensfähig; sie zogen und ziehen in den Sommermonaten viele Menschen nach Hall. Weitere wichtige Anziehungspunkte wurden die Kunsthalle Würth mit ihrer Dependance für die Alten Meister in St. Johann (ab 2001 bzw. 2008) (▶ S. 77) und das Hohenloher Freilandmuseum Wackershofen.　●

Schönes und Gelehrtes

—

VON UTE CHRISTINE BERGER, GEORG EBERHARDT
UND ALBERT DE LANGE

Oliver Storz

Der Regisseur und Schriftsteller Oliver Storz (1929–2011) wuchs in Schwäbisch Hall auf. Er thematisiert seine Jugend auf eindrucksvolle Weise in den Büchern *Die Freibadclique* und *Als wir Gangster waren* sowie im Film *Die Frau, die im Wald verschwand*, den er mit Karoline Eichhorn, Stefan Kurt und Matthias Brandt in Hall drehte. Storz, der lange bei München lebte, zog es immer wieder in die Stadt am Kocher, über die er einmal schrieb: »Als Kind habe ich mir das Himmelreich, von dem die Kinderbibel kündete, nie anders denn als ein ferne leuchtendes, gleichsam unendlich erhöhtes Hall vorstellen können, und nicht ganz ungeniert füge ich hinzu, dass ich auch heute noch ganz innen drin eine winzige Hoffnung mit mir herumschleppe, es könnte jenes unhiesige, endgültige Dort vielleicht eine gewisse Ähnlichkeit mit Hall haben ...«

▸ Oliver Storz, **Die Freibadclique**, München (Graf Verlag) 2008, 256 S.
▸ Oliver Storz, **Als wir Gangster waren**, München (Graf Verlag) 2012, 192 S.
▸ Oliver Storz, **Die Frau, die im Wald verschwand**, DVD, EuroVideo, 2007, 88 Minuten

Ein Haller Kommissar ermittelt ...

Mord und Totschlag in Schwäbisch Hall? Aber ja doch: *Gestickt, gestopft, gemeuchelt*, so lautet der Titel des mittlerweile vierten Krimis in der Reihe »Kommissar Seifferheld ermittelt«. Tatort ist natürlich Schwäbisch Hall. Kurz nacheinander werden zwei blutjunge Schauspielerinnen der Freilichtspiele in der Badewanne grausam ermordet. Krimiautorin Tatjana Kruse, Jahrgang 1960, lebt und arbeitet in Schwäbisch Hall (▸ S. 26 f.).

▸ Tatjana Kruse, **Gestickt, gestopft, gemeuchelt**. Kommissar Seifferheld ermittelt, München (Knaur Taschenbuch) 2013, 256 S.

Die Feuerzangenbowle

Die Feuerzangenbowle ist der Titel eines Romans aus dem Jahr 1933, der von Heinrich Spoerl verfasst wurde. Das Buch wurde mehrfach verfilmt. Die bekannteste Fassung ist die aus dem Jahr 1944 mit Heinz Rühmann in der Hauptrolle. Die Regie führte Helmut Weiss. Der kurze Kameraschwenk über Schwäbisch Hall zeigt die Altstadt vor der Zerstörung am Kriegsende.

▸ **Die Feuerzangenbowle**, DVD, 93 Minuten

Musik an St. Michael

Kirchenmusik hat an St. Michael eine lange Tradition: Schon seit 1500 ist eine Choral-Schola der Lateinschüler nachweisbar. Seit 1993 wird die »Musik an St. Michael« von den Kirchenmusikern Ursl Belz-Enßle und Kurt Enßle gestaltet. Derzeit singen über 250 Kinder, Jugendliche und Erwachsene in den Chören an St. Michael. Das »Ensemble für Liturgie und Gottesdienst« beschäftigt sich hauptsächlich mit innovativen kirchlichen Musizierformen. Die Kirchenmusik ist durch ihre vielfältige pädagogische und künstlerische Arbeit ein wichtiger Multiplikator christlicher Werte und Überzeugungen.

Die »Musik in St. Michael« erfreut sich einer großen Resonanz weit über die Stadtgrenzen hinaus. Das Angebot reicht von traditioneller Kirchenmusik bis hin zu experimentellen Konzerten, wie etwa den »Liturgischen Nächten«, in denen der Kirchenraum mit seiner spirituellen Aura besonders einbezogen wird. Dabei profiliert sich die »Musik an St. Michael« als ein erfolgreiches Angebot auch für Menschen, die der Kirche sonst eher fernstehen. Das gilt gleichermaßen für Zuhörende und Mitwirkende, die sich in der Kirchenmusik milieu-übergreifend begegnen. •

▶ **KURT ENSSLE UND
URSL BELZ-ENSSLE**
sind Kirchenmusiker an St. Michael.

Anna Büschler

Das Goethe-Institut und etliche Weltmarktführer tragen den Namen von Schwäbisch Hall in die Welt. Dennoch war es überraschend, beim Stöbern im Museumsladen der Frick-Collection an der 70. Straße in New York auf ein Buch über Schwäbisch Hall zu stoßen: *The Bürgermeister's Daughter* des Harvard-Historikers Steven Ozment, der sich 1996 des Schicksals der Anna Büschler (▶ S. 35 f.), einer rebellierenden jungen Frau aus Schwäbisch Hall im Mittelalter, angenommen hat. Ein Jahr später ist das Buch in deutscher Sprache erschienen und noch heute wert, auf dem antiquarischen Buchmarkt oder in einer Bibliothek entdeckt zu werden

▶ Steve Ozment, **Die Tochter des Bürgermeisters**. Die Rebellion einer jungen Frau im deutschen Mittelalter, Hamburg (Rowohlt-Verlag) 1997, 327 S.

Weihnachts-CD des Stadtorchesters

Das Stadtorchester Schwäbisch Hall veröffentlichte 2012 die CD *Weihnachtszeit – Christmas Time*. 90 Musikerinnen und Musiker des Stadtorchesters und der Big Band Schwäbisch Hall, beide unter Leitung von Armin Scheibeck, waren an dem Projekt beteiligt.

▶ Erhältlich ist die CD in der Tourist-Information

GOTTESHÄUSER DER STADT

Schwäbisch Hall war lange Zeit eine lutherisch geprägte Stadt mit einer jüdischen Minderheit. Großcomburg blieb immer katholisch. Im 20. Jahrhundert kamen Muslime in die Stadt. Schwäbisch Hall ist zu einer multireligiösen Stadt geworden. Die Menschen hier leben ganz bewusst mit dieser Vielfalt.

Kloster Großcomburg

Das »himmlische Jerusalem« im Kochertal

VON HANS-REINER SOPPA

Blick auf Großcomburg und Steinbach. Rechts neben dem Torturm die Synagoge von Steinbach. Foto von August Seyboth (1854–1939), Papierwarenhändler in Schwäbisch Hall

◄ S. 64
Familiengottesdienst am Heiligabend 2012 in St. Michael

Schon die Kelten wussten um besondere Orte, an denen sie siedelten. Solch ein Ort war auch die Comburg – und ist es heute noch, wenn man bedenkt, dass knapp 20.000 Menschen jährlich die alte Klosteranlage besuchen. Der Name Comburg hat seinen Ursprung im keltischen »cahenberc«, was Fels oder Stein bedeutet. Majestätisch liegt die Comburg im Kochertal. Diese Lage hatte es auch den Grafen von Comburg-Rothenburg angetan, die im 10. Jahrhundert dort eine Burg errichteten, die sich im 11. Jahrhundert im gemeinsamen Besitz von vier Brüdern befand. Burgen dienten zu dieser Zeit primär dem Gelderwerb, konnte man doch von ihnen aus Wege kontrollieren und dabei Zölle erheben.

Von der Burg zum Kloster

Einer der vier Brüder, Burkhard, hatte jedoch ein Gebrechen, vermutlich Osteoporose (Knochenschwund). Deshalb richtete er durchaus zeittypisch den Blick auf das Jenseits und beschloss, seinen Teil der Burg als Grundlage für ein Benediktinerkloster zu stiften. Die Mönche sollten für sein Seelenheil beten. Die Burg wurde 1078 in ein Benediktinerkloster umgewandelt, die übrigen Brüder brachten ebenfalls ihre Anteile für das neue Kloster ein. Schon zehn Jahre später konnte die doppelchörige Basilika St. Nikolaus durch den Würzburger Bischof Adalbero geweiht werden.

Es folgte eine Zeit der Blüte des jungen Klosters. Hertwig, der dritte Abt, ließ zwischen 1130 und 1140 auf der Comburg Kunstwerke schaffen, die auch heute noch die Besucher in Staunen versetzen. Erhalten geblieben sind aus dieser Zeit zwei bedeutende Kunstwerke: das romanische Antependium (Altarbehang) und der romanische Radleuchter, beides Stiftungen des Abtes an das Kloster. Der Radleuchter symbolisiert das »himmlische Jerusalem« und ist eines von vier erhaltenen Exemplaren aus der Zeit der Romanik. Er befindet sich in einem sehr guten Erhaltungszustand. Vermutlich sind die Kunstwerke auf der Comburg selbst entstanden in Klosterwerkstätten, die Hertwig gegründet hatte.

Ursprünglich hatten die Grafen von Comburg-Rothenburg die Schutzherrschaft für das Kloster inne, aber sie ging im 12. Jahrhundert vermutlich durch einen Erbfall auf die Staufer über, die bis zum Ende ihrer Herrschaft Mitte des 13. Jahrhunderts die Schutzvogtei ausübten. In diese Zeit fällt der Bau der geheimnisvollen Sechseckkapelle, deren ursprünglicher Zweck bis heute noch nicht schlüssig erforscht werden konnte.

Vom Kloster zum Chorherrenstift

Das Ende der staufischen Schutzherrschaft leitete zugleich den Niedergang des Klosters ein. Der Besitz wurde nicht mehr ordentlich verwaltet, um 1318 musste sogar der Kirchenschatz verpfändet werden, weil das Kloster zahlungsunfähig geworden war. Zunehmend hatten die Mönche auch Probleme damit, die strenge Klosterzucht einzuhalten. Nicht wenige wurden auf Tanzvergnügen der Umgebung gesehen, sogar in Prügeleien waren sie verwickelt. Das Kloster stand kurz vor der Schließung, als es 1488 nach Zustimmung von Papst Innozenz VIII. in ein Chorherrenstift umgewandelt wurde. Die acht Chorherren mussten nicht ständig vor Ort sein, konnten sich für ihren Chordienst durch Vikare vertreten lassen, brauchten nicht auf weltlichen Besitz verzichten und waren auch gegenüber dem Propst des Stiftes wesentlich freier gestellt.

In die Zeit der Chorherren fällt wieder eine Blütezeit für das ehemalige Kloster, neue Bauten entstanden. Probst Erasmus Neustetter ließ die Klosteranlage durch eine umlaufende, 460 m lange Mauer einfassen – und steigerte dadurch den imposanten Anblick des alten Klosters erheblich. Der Wehrgang ist heute ganzjährig tagsüber geöffnet und ermöglicht damit eine Umrundung der Groß-

comburg. Der Renaissancegelehrte Neustetter begründete auf der Comburg auch eine über 400 Bände umfassende Bibliothek, deren Ruhm weit über die Grenzen Hohenlohes hinausreicht.

Die Reformation ging am Kloster vorbei. Die Chorherren mussten allerdings in den meisten ihrer Pfarreien, die ihnen unterstanden, evangelische Pfarrer ernennen. Erst durch die Säkularisierung 1803 wurde das Chorherrenstift aufgelöst und sein Besitz ging an das Haus Württemberg über.

Ehreninvalidensitz

Im Jahr 1817 entstand ein Ministaat mit 200 Einwohnern auf der Comburg, regiert von einem Oberst als Kommandeur der Anlage. Invaliden, die sich als Soldaten um den Schutz des württembergischen

Staates verdient gemacht hatten, durften samt ihren Familien dort ihren Lebensabend verbringen – inklusive eigenem Lazarett, eigener Schule für die Kinder und eigenem Friedhof. Nach dem Krieg 1870/71 reduzierte sich die Bevölkerung auf etwa 40 Personen, schließlich wurde der Ehreninvalidensitz 1909 aufgehoben, die letzten Überlebenden durften bis zu ihrem Tod auf der Comburg wohnen bleiben.

Der Radleuchter hat einen Durchmesser von 5 Metern. Die 12 Türme mit Wächterfiguren des symbolisieren das »himmlische Jerusalem«. Die 12 Medaillons zeigen die Apostel. Im Zentrum der Aufhängung des Leuchters ist der segnende Christus dargestellt

Heimvolkshochschule

Theodor Bäuerle, von 1947 bis 1951 Kultusminister in Stuttgart, stammte aus einer Remstäler Handwerkerfamilie und hatte den typischen Aufsteiger-

beruf »Lehrer« ergriffen. 1908 wurde er vom Kultusministerium in die Lehrplankommission der Lehrerbildungsanstalten (heute Seminare für Schulpädagogik) berufen. Der Erste Weltkrieg unterbrach seine Arbeit. Nach einer schweren Kopfverletzung im Jahr 1915 wurde er zurück in die Heimat versetzt und nahm sich der Erwachsenenbildung an. Es ist Bäuerle zu verdanken, dass am 16. Oktober 1926 die Heimvolkshochschule Comburg eröffnet werden konnte.

Was war das Besondere an dieser Heimvolkshochschule? Die Kurse wandten sich vor allem an Arbeitslose und dauerten in der Regel vier Wochen. Zum Unterrichtsgegenstand wurden neben berufsspezifischen Inhalten Themen wie Staatskunde, aktuelle Fragen, Redeübungen, Sport, bildende Kunst, Dichtung, Musik und theaterpädagogische Übungen gemacht.

Der Unterrichtsplan wurde mit jeder Kursgruppe abgestimmt. Diese Orientierung an den Interessen der Seminarteilnehmer war grundsätzlich neu und wurde begeistert aufgenommen. Endlich durfte über alle Dinge geredet werden – von Weltanschauungsfragen bis hin zur Sexualkunde. Der große Erfolg des Bildungsangebots für die Arbeiter wurde erst durch die Nationalsozialisten beendet.

Fortbildungsakademie

Die Comburg wurde nach Kriegsende 1945 zunächst als Unterbringungsort für »Displaced Persons« – vor allem ehemalige Zwangsarbeiter aus Osteuropa – genutzt. Schon im März 1946 gelang es Theodor Bäuerle, die Comburg von der amerikanischen Militärregierung in die Verwaltung des Kultusministeriums zu überführen. Am 16. Mai 1947 fand auf der Comburg die feierliche Eröffnung der ersten Lehrerakademie in Süddeutschland statt. Bäuerle hatte die Amerikaner mit seinen Plänen für ein Re-Education-Programm überzeugen können. Der Schwerpunkt des Bildungsangebotes lag zuerst eindeutig auf dem Gebiet der staatsbürgerlichen Bildung und hatte die Vermittlung demokratischer Werte zum Ziel. 1949, nach dem zweiten Betriebsjahr, stellte das Kultusministerium fest, dass die »Lehreruniversität« Comburg bisher 27 Lehrgänge durchgeführt hatte. Zum Vergleich: Heute werden jährlich etwa 260 Seminare auf der Comburg angeboten.

Mit dem wachsenden Stellenwert der Bildung veränderte sich Mitte der 1960er Jahre die Zielrichtung des Fortbildungsangebots. Stand bisher die persönliche Weiterbildung der Lehrkräfte im Zen-

trum, rückte nun auch im Hinblick auf neue Lehrpläne ab 1969 die Qualifizierung von Multiplikatorinnen und Multiplikatoren in den Fokus. Sie sollten in den Schulen für die schnelle Weiterverbreitung neuer Inhalte sorgen. Mittlerweile hat sich das System der Multiplikatorenausbildung im Wesentlichen etabliert. Seit Mai 1997 – dem 50-jährigen Jubiläum der Akademie – ist der Standort Comburg für die Qualifizierung des pädagogischen Führungspersonals zuständig.

Die Großcomburg hat sich so seit ihrer Gründung im 11. Jahrhundert immer wieder als Ort der Bildung und Kontemplation, als Ort mit einer besonderen Spiritualität erwiesen.

▲
Theodor Bäuerle
(1882–1956)

◄
Kleincomburg.
Innenansicht der
romanischen
Kirche St. Ägidius

Die Kleincomburg

Direkt gegenüber der Großcomburg liegt die 1108 begründete und vom Großcomburger Abt Hertwig vollendete Kleincomburg, das ehemalige Kloster St. Gilgen. Die Geschichte der Kleincomburg ist bisher wenig erforscht. Für kurze Zeit befand sich dort ein Frauenkloster, das allerdings bald aufgelöst wurde. Vermutlich griff hier die Hirsauer Tradition, kein Frauenkloster neben einem Männerkloster zuzulassen. Deshalb wurde die Verwaltung der Großcomburg in den Gebäuden der Kleincomburg untergebracht.

Sehenswert ist die Kleincomburg besonders wegen der sehr gut erhaltenen Klosterkirche St. Ägidius, entstanden zwischen 1108 und 1120. Sie wurde baulich kaum verändert, sieht man einmal davon ab, dass im 15. Jahrhundert der romanische Dachstuhl durch einen neuen und höheren ersetzt wurde. Der schlichte Baukörper beeindruckt durch seine Eleganz. ●

▶ **HANS-REINER SOPPA**
ist Vorstandsvorsitzender und Direktor der Landesakademie für Fortbildung und Personalentwicklung an Schulen am Standort Comburg.

▶ **www.comburg.de**

Der Erzengel St. Michael. Steinskulptur
aus dem späten 13. Jahrhundert

St. Michael

*Von der romanischen Basilika
zur gotischen Stadtkirche*
—

VON ARMIN PANTER

St. Michael wurde im Osten Halls auf dem Grund des Benediktinerklosters Comburg errichtet, nahe der mittelalterlichen Befestigungsmauer, die damals wohl aus Palisaden bestand. Die Kirche überragte die Siedlung, und noch heute scheint die im späten 13. Jahrhundert vollendete Figur des Kirchenpatrons, des drachentötenden Erzengels Michael, von der Turmhalle vor dem Westportal über die vor ihr liegende Stadt zu wachen. Anders als heute grenzte früher eine Stützmauer den höher gelegenen Bereich um St. Michael vom Marktplatz ab.

Wann der Bau begonnen wurde, ist ungewiss, jedoch kennen wir das Datum der Weihe. Am 10. Februar 1156 weihte Bischof Gernot von Würzburg die Kirche zu Ehren Christi, Marias, des Heiligen Kreuzes und des Erzengels Michael. Von der dreischiffigen romanischen Basilika zeugen heute nur noch die vier unteren Stockwerke des Westturms. Das unterste Geschoss bildete eine weit geöffnete Vorhalle, wie an den Bogenläufen noch zu erkennen ist. Wohl aus statischen Gründen wurde der Zugang 1538 verengt. 1573 setzte man dem romanischen Turm zwei achteckige Geschosse auf und bekrönte sie mit einer Kuppel.

St. Michael war nicht die erste Kirche Halls. Direkt gegenüber lag die ältere Kirche St. Jakob, und auf der anderen Seite des Kochers St. Katharina. Die Errichtung des neuen Gotteshauses hing nicht nur mit der wachsenden Zahl der Gläubigen zusammen; der Bau bedeutete auch einen wichtigen Schritt hin zur Stadtwerdung Halls. Denn neben einer sicheren

Befestigung und einem Hospital zur Versorgung der Armen bildeten mehrere Gotteshäuser die Voraussetzung zur Stadtwerdung. In der Tat wurde Hall bald schon als Stadt bezeichnet und errang 1280 den Status einer Reichsstadt (▸ S. 16).

Aufgrund einer Inschrift wissen wir, dass 1427 mit dem Umbau der Basilika begonnen wurde. Fast 100 Jahre dauerte es, bis die Maßnahmen abgeschlossen waren. Zunächst blieb der romanische Chor stehen, um dort noch Gottesdienste abhalten zu können. Das neue Langhaus konnte deswegen nicht in der Länge, sondern nur nach den Seiten erweitert werden. Man beließ die Breite des Mittelschiffs und verdoppelte die Breite der beiden Seitenschiffe, die nun etwa die gleiche Ausdehnung wie das Mittelschiff besitzen. Das nahezu quadratische fünfjochige Langhaus maß 27 m in der Länge und 26 m in der Breite bei einer Höhe von 13,5 m. Die Proportionen wirken für einen spätgotischen Raum gedrungen, und die massiven Rundpfeiler trugen kaum zu einer Steigerung der Höhenwirkung bei.

Die Arbeiten am Langhaus waren 1456 abgeschlossen. Doch erst 1495 wurde der alte Chor abgerissen und der Grundstein für die Verlängerung nach Osten gelegt. Zuerst wurde das Langhaus noch um ein etwas höher liegendes sechstes Joch erweitert. Im Anschluss errichtete man einen Hallenchor mit Kapellenkranz und einer Sakristei. Der 1,5 m höher liegende zweigeschossige Chor ist mit 33 m ungefähr so lang wie das Langhaus mit dem sechsten Joch. Er misst jedoch nur 20 m in der Breite, dafür aber 19,3 m in der Höhe. Der schmalere und fast 6 m höhere Chor besitzt völlig andere Proportionen als das gedrungene Langhaus (▸ Bild S. 28). Der Raum ist licht, die Rundpfeiler wirken schlank, und

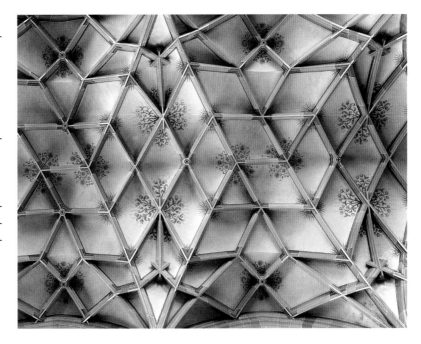

alles scheint in die Höhe zu streben. Der Dachstuhl wurde 1524/25 fertiggestellt.

Bis heute bestimmen die gotischen Baumaßnahmen das Aussehen der Kirche. Und die Freitreppe vor St. Michael prägt noch immer das Stadtbild. Sie wurde 1507 an Stelle der bisherigen Stützmauer erbaut. Seitdem verbinden Stufen – ursprünglich 42, jetzt 53 – die Kirche mit dem Marktplatz. Formal scheint die Treppenanlage das Barock vorwegzunehmen; von der Idee her ist sie jedoch ein Kind der Zeit. Die Kirche öffnete sich den Bürgern, indem der wallartige Mauerring geschleift und durch die Treppe ersetzt wurde.

Die Reformation kündigte sich in Hall baulich durch diese Öffnung des sakralen hin zum profanen Bereich an. So wie Martin Luther knapp 20 Jahre später durch die Übersetzung der Bibel ins Deutsche das Wort Gottes allgemein zugänglich machen wollte, so sollte die Stadtkirche nicht mehr vom Marktplatz abgeschirmt, sondern von dort aus unmittelbar über die Treppe zu erreichen sein. Die Baugeschichte von St. Michael spiegelt so das wachsende Selbstbewusstsein der Haller Bürgerschaft wider. Von der Weihe bis zum Bau der Treppe war St. Michael Filialkirche von Steinbach gewesen, das der nahegelegenen Comburg unterstand. Schon im 15. Jahrhundert

Das im Gegensatz zum Langhaus feinmaschige Kreuzrippengewölbe der Chordecke spiegelt den Willen der Spätgotik zur komplizierten Dekoration wider

Europäisches Kulturerbe

Im Oktober 2013 erhielt die Michaelskirche als Teil des deutschen Netzwerks »Stätten der Reformation« das »Europäische Kulturerbe-Siegel« verliehen.

bemühte sich Hall, das Gotteshaus aus dieser Abhängigkeit zu lösen. Offiziell wurde 1508 eine Einigung besiegelt. Von da an hatte die Stadt ihre eigene, unabhängige Pfarrkirche; der Magistrat und nicht mehr die Herren der Comburg bestimmten von nun an den Pfarrer von St. Michael.

Es war kein Zufall, dass zur selben Zeit, als St. Michael aus der Abhängigkeit von Comburg trat, die Öffnung der Kirche zum Marktplatz stattfand. Die Bürger holten sich rechtlich und baulich ihre Kirche in die Stadt. Die Errichtung der Treppe war ein symbolischer Akt, der das aufgeschlossene Denken des Humanismus und der Vorreformation widerspiegelte. Baugeschichte und Stadt- beziehungsweise Kirchenpolitik entsprachen sich. Schon 1502 hatte Hall eine Predigerstelle eingerichtet, das heißt, der Magistrat bestimmte und bezahlte einen studierten Theologen, der den Bürgern das Wort Gottes verkünden sollte. Der Grundstein für die Reformation war gelegt, Johannes Brenz sollte sie 1526 endgültig durchsetzen.

In Hall fand kein Bildersturm statt. Die Fülle an Altären und Gedächtnismalen überrascht den Besucher der Kirche. Von protestantischer Schlichtheit kann nicht die Rede sein. Immerhin sind noch acht Altäre vorhanden, die vor Einführung der Reformation geweiht wurden (▶ S. 44–49). Erhalten blieb auch ein »Heiliges Grab« in einer Nische im südlichen Seitenschiff. Nach Fertigstellung des Langhauses 1456 wurde zunächst eine Grablegungsgruppe aufgestellt. Die beiden Seitenflügel kamen um 1510 hinzu.

Unter den vorreformatorischen Werken ist besonders das überlebensgroße Kruzifix Michael Erharts von 1494 zu erwähnen, die einzige von dem Ulmer Bildhauer datierte und mit seinem Namen versehene Arbeit. Im Chor zwischen den beiden östlichsten Pfeilern über dem Hochaltar angebracht, beherrscht das spätgotische Meisterwerk den Kirchenraum.

▲
Epitaph des Stättmeisters
Johann Friedrich Bonhoeffer, 1773

◀
Das »Heilige Grab«, 1456

Im lutherischen Hall ließen wohlhabende Bürger Epitaphe in St. Michael errichten. Nur noch eine Persönlichkeit wurde im Kirchenraum beigesetzt: der armlose Kunstschreiber Thomas Schweicker (1540–1602). Sein Leichnam ruht unter einer Steinplatte im Boden; darüber hängt ein Epitaph. In einem verglasten Schrein wurde eine von Schweicker mit den Füßen geschriebene Gedenkschrift angebracht. Der Text ist mit komplizierten Flechtornamenten umrahmt. Ein Bildchen zeigt uns Schweicker, auf einem Tisch hockend (▸ S. 21). Mit seinem rechten Fuß schreibt er die Worte: »Deus est mirabilis in operibus suis« (Gott ist wunderbar in seinen Werken). Man sah in dem armlos Geborenen, der weit über die Stadtgrenzen hinaus berühmt war, einen »Wundermenschen«, in dem sich die Gnade Gottes offenbarte: Trotz fehlender Hände wurde er Kunstschreiber. Wohl deshalb setzte man ihn in einer der Chorkapellen bei.

Die Kirche war auch ein Ort städtischer Repräsentation, wie nicht zuletzt die vielen Gedächtnismale von Stättmeistern (Bürgermeistern) belegen. Kunsthistorisch bedeutend ist das Epitaph des 1721 verstorbenen Christoph David Stellwag von Leonhard Kern. Es zeigt die Vision Ezechiels (37. Kapitel) vom Feld voller »Totengebeine, die durch den Odem Gottes wieder lebendig werden«.

Der Rokokobildhauer Johann Andreas Sommer aus Künzelsau vollendete 1773 das Epitaph des Stättmeisters Johann Friedrich Bonhoeffer. Ein schwarzer Sockelkasten mit goldener Inschrift wird von den Personifizierungen der Stadt Hall links und der Stadtherrschaft rechts flankiert. Auf dem Kasten sitzen die Verkörperungen der Regenten-Tugenden: links eine weibliche Gestalt mit dem Schwert der Gerechtigkeit, die als Zeichen der Milde auf ihr Herz deutet; die weibliche Figur rechts ist durch Schlange und Spiegel als Weisheit ausgewiesen. Das ovale Porträt des Stättmeisters darüber wird von Chronos, rechts, emporgehoben; links trägt eine Wolke mit einem Putto, der ursprünglich eine Posaune hielt, das Bildnis. Darüber schwebt ein Engel mit der Gerichtswaage; er weist auf drei Engelsköpfe im Strahlenkranz, ein Zeichen der ewigen Seligkeit. Ganz oben ist das Wappen der Bonhoeffer angebracht. Eine Putte bläst auf der Posaune den Ruhm des Stättmeisters in alle Welt. •

Ein Paar Abendmahlskannen der Haller Goldschmiede Bonhoeffer, 1667

▸ **WEITERFÜHRENDE LITERATUR**
Hans Werner Hönes, Die Baugeschichte, in: St. Michael in Schwäbisch Hall, hg. vom Historischen Verein für Württembergisch Franken, Künzelsau 2006

Armin Panter, Die Treppe von St. Michael in Schwäbisch Hall – statische Notlösung oder bauhistorisches Monument der Vorreformation, in: Jahrbuch des Historischen Vereins für Württembergisch Franken 2008

Die Familie Bonhoeffer

Die ältesten Abendmahlskannen von St. Michael sind mit einem Meisterzeichen in Form eines stilisierten Zweiges versehen. Gemeint ist wohl ein Bohnenstrauch, den die Familie Bonhoeffer laut Wappenbrief von 1590 in ihrem Wappen führte und vereinfacht als Meistermarke benutzte. Kaspar von Bonhoffen, der Ahnherr der Haller Goldschmiedefamilie, ließ sich 1517, aus Nimwegen kommend, in der Stadt nieder. Aus dieser Familie ging der bedeutende lutherische Theologe und Widerstandskämpfer Dietrich Bonhoeffer hervor. Die Büste von Alfred Hrdlicka, die Bonhoeffer im Moment seiner Hinrichtung 1945 zeigt, steht seit 2011 am Dietrich-Bonhoeffer-Platz im Kocherquartier.

Denkmal Dietrich Bonhoeffer, Bronzebüste des österreichischen Künstlers Alfred Hrdlicka, 2005

Urbanskirche

*Von Haller Bürgern mit
neuem Leben erfüllt*

—

VON MARIANNE GÄSSLER-GRAU
UND KARLHEINZ GRAU

Außenansicht der
Urbanskirche

Im Jahr 2004, in einer Zeit knapper Kassen, stellte sich heraus, dass schlicht das Geld fehlte, um die mittelalterliche Urbanskirche weiter in Betrieb zu halten. Der Evangelische Gesamtkirchengemeinderat Schwäbisch Hall sah keinen anderen Ausweg, als die kleine, aber feine Kirche stillzulegen. Das rief Haller Bürgerinnen und Bürger auf den Plan: Mit beispiellosem Engagement suchten und fanden sie Sponsoren. Mehr als eine Million Euro und tausende Stunden ehrenamtlicher Arbeit wurden seither investiert. Nach drei Monaten fanden wieder regelmäßig Gottesdienste statt. Viele haben ihre Zeit, Kraft und Geld eingesetzt, um die Kirche vor dem schleichenden Verfall zu bewahren und wieder mit Leben zu erfüllen.

Die Urbanskirche wurde um 1230 von den Schenken von Limpurg erbaut. Die spätromanische Kirche war der Heiligen Jungfrau Maria geweiht. Sie diente bald als Pfarrkirche von Unterlimpurg. Um 1390 entstand das hochgotische Chorgewölbe. Um 1430 wurde das Kirchenschiff nach Norden erweitert, etwas später wurden die südliche Kapelle und das Westportal angebaut. Den markanten Fachwerkaufsatz bekam der romanische Turm aber erst 1698.

Um 1539 wurde die Marienkirche evangelisch. 1541 kaufte die Stadt Hall die Burg Limpurg mit Kirche und Dorf. Der Pfarrer der Kirche bediente nun die Unterlimpurger Vorstadtgemeinde, die »ecclesia s(ub) urb(ana)« (▶ S. 60). Durch einen Lesefehler wurde daraus irrtümlicherweise »St. Urban«.

Das wichtigste Kunstwerk in der Kirche ist der Hochaltar. Das Mittelstück zeigt im Zentrum die Weihnachtsgeschichte, daneben sind die Beschneidung Jesu und die Verehrung durch die drei Weisen zu sehen. Die Flügel zeigen einen Marienzyklus von der Geburt Mariens bis zur Krönung als Himmelskönigin; auf der Rückseite sind die Schutzmantelmadonna und die »Heilstreppe« (▶ S. 45) zu sehen: Maria bittet Jesus, Jesus bittet Gott um Barmherzigkeit für die Menschen.

Um 1840 wurden die sechs Altarflügel an das Landesmuseum Stuttgart verkauft. 1961 wurden sie mit fotografischen Reproduktionen wieder dem Altar zugefügt. Die Originale sind seit 2006 im Hällisch-Fränkischen-Museum in Schwäbisch Hall zu besichtigen. Ein weiterer künstlerischer Höhepunkt ist das Wandgemälde »Maria am Spinnrocken«: Es zeigt die Jungfrau Maria, die den Faden des Lebens spinnt.

Heute feiern Menschen evangelischen und katholischen Glaubens, aus Freikirchen und ohne Kirchenzugehörigkeit Gottesdienste in der Urbanskirche. Ehrenamtliche halten sie offen und veranstalten Führungen und Konzerte. Das Echo ist groß.

So ist die Urbanskirche nicht nur ein steinernes Zeugnis des Glaubens vergangener Jahrhunderte, sondern ein lebendiges Gotteshaus. Vielen ist sie zur Heimat geworden, die vorher die Türschwellen von Kirchen kaum überschritten haben. Das Heimatgefühl strahlt aus und zieht andere an. •

▶ **MARIANNE GÄSSLER-GRAU UND
   KARLHEINZ GRAU**
   sind Mitglieder des Freundeskreises Urbanskirche e. V.

▶ **WEITERFÜHRENDE LITERATUR**
Die Michaelskirche in Schwäbisch Hall. Ein Begleiter durch die mittelalterlichen Kirchen St. Michael, St. Katharina und Urbanskirche, 3. Auflage, Lindenberg (Kunstverlag Josef Fink) 2011

St. Katharinenkirche

*Die Heilige blieb auch
nach der Reformation*

—

VON BÄRBEL KOCH-BAISCH

▶
Katharina diskutiert
mit heidnischen
Philosophen und
bekehrt sie zum
christlichen Glauben;
südliches Chorfenster

▼
Die geschnitzte
Figur der heiligen
Katharina auf der
Kanzeldecke, 1694

Von den drei mittelalterlichen Kirchen in Schwäbisch Hall ist die Katharinenkirche jenseits des Kochers mit ihrem Vorgängerbau aus dem 10. Jahrhundert die älteste. Sie gehörte im Mittelalter dem Benediktinerkloster Murrhardt. 1526, kurz nach der Einführung der Reformation, kaufte die Stadt die Pfarrei und die Kirche und es wurden nun bald evangelische Gottesdienste gefeiert.

Das romanische Langhaus, dem sich der gotische Chor von 1363 anschließt, erwies sich im Laufe des 19. Jahrhunderts als zu klein. Deshalb wurde es 1898 nach Plänen des Stuttgarter Baurats Heinrich Dolmetsch von einem größeren Kirchenschiff im neugotischen Stil ersetzt. Die beiden unteren Turmgeschosse von 1240, die bereits 1727 um zwei Geschosse erweitert worden waren, erhielten nun zwei weitere Geschosse mit Turmuhr und achteckigem Helm. 1961 wurde ein hölzernes Tonnengewölbe eingezogen und die neugotischen Emporenbrüstungen und Pfeiler wurden verschalt; sie sind also nicht mehr sichtbar.

Der Kirchenraum enthält trotz der Umbauten kostbare vorreformatorische Kunstwerke. Das ist wie in St. Michael der »sanften« Einführung der Reformation zu verdanken – hier durch den Pfarrer Michael Gräter, einen Schwager von Johannes Brenz (▶ S. 36). Die Namenspatronin der Kirche ist Katharina von Alexandrien. Es gibt in der Kirche mehrere mittelalterliche Darstellungen der Heiligen mit ihren beiden Attributen Rad und Schwert: zwei kleine Katharinenstatuen im Chor, zwei Glasmalereien im südlichen Chorfenster mit Szenen aus der Katharinenlegende sowie ihr Porträt auf der Predella des Hochaltars zwischen der Heiligen Barbara und Maria mit dem Jesuskind. Allerdings überrascht es, dass 1694, also lange nach der Reformation, ihre geschnitzte Figur oben auf dem Deckel der neuen Kanzel angebracht wurde.

Augenfällig ist der ganz in Gold gehaltene niederländische Flügelaltar aus der Mitte des 15. Jahrhunderts. Geöffnet zeigt er die Leidensgeschichte Jesu vom Einzug in Jerusalem bis zu seiner Himmelfahrt. Eindrücklich sind das auf der nördlichen Seite des Chorraumes eingelassene Heilige Grab sowie die Figuren einer Ölberg-Gruppe an der Südseite (beide um 1470).

Der 13-seitige Taufstein aus dem Jahr 1450 wurde 1688 mit Porträts von Jesus und den zwölf Aposteln ausgemalt und mit einem bemalten Holzdeckel versehen.

Die Katharinenkirche wird nicht nur für klassische Predigtgottesdienste geschätzt, sondern auch als »Familienkirche« mit Gottesdiensten für die Kleinsten, für Trauungen sowie für meditative Angebote. Auf dem malerischen Platz unter den alten Linden wird im Sommer zum geselligen Beisammensein eingeladen. •

▶ **BÄRBEL KOCH-BAISCH**
  ist Oberin im Evangelischen Diakoniewerk
  Schwäbisch Hall.
  ....

▶ **WEITERFÜHRENDE LITERATUR**
  (▶ S. 74)

Johanniterkirche

Von der Kirche zum Museum

—

VON C. SYLVIA WEBER

Hans Holbein d. J.
malte 1525/26
diese Schutz-
mantelmadonna
im Auftrag von
Jakob Meyer
zum Hasen, der
zusammen mit
seiner Familie
als Stifter dar-
gestellt ist

Wie wechselvoll die Geschichte von Gotteshäusern nicht nur in Schwäbisch Hall verlaufen kann, lehren zahlreiche Beispiele des mediterranen Raumes von Palermo über Istanbul bis nach Córdoba. Palermo etwa, das mir besonders eindrücklich vor Augen steht, da die Sammlung Würth hier im Laufe der vergangenen zehn Jahre zahlreiche Ausstellungen realisieren konnte, war seit jeher Schmelztiegel unterschiedlicher Kulturen und der Überlagerung westlicher und östlicher Einflüsse. Nach der normannischen Eroberung des 12. Jahrhunderts war die Stadt ein »offener Raum«, der aufgrund seiner (im doppelten Sinne) fließenden Grenzen so herausragende Monumente wie die Cappella Palatina hervorbringen konnte. Architektur und Gestaltung dieser königlichen Palastkapelle, für deren umfängliche Restaurierung Würth Sorge trug, nahmen in größter Harmonie griechische, römische, byzantinische und arabische Traditionen in sich auf. In den Feldern der »islamischen« Decke der Palatina kann zum Beispiel ein christlicher Heiliger erscheinen. Ein Paviment (Bodenpflaster) in westlicher Technik kann in arabischen Formen gestaltet sein und dabei die Vielfalt der figurativen und ornamentalen Traditionen vom mittelalterlichen Iran bis zu lateinischen Bestiarien (Tierlegenden) widerspiegeln. Die Kapelle ist das stupende Ergebnis des Austauschs zwischen relativ getrennten Kulturen wie auch der Koexistenz. Als solche ist sie weit über ihre kunsthistorische Bedeutung hinaus auch ein Lehrstück für Toleranz und Ökumene.

Auch die Johanniterkirche in Schwäbisch Hall verzeichnet eine wechselvolle Geschichte. Wahrscheinlich im letzten Jahrzehnt des 12. Jahrhundert erbaut und um 1400 erweitert, verdankt der stadtbildprägende Bau seinen Namen der Johanniterkommende, die dort ein städtisches Spital betrieb. Man unterhielt enge Beziehungen zum fränkischen Adel und zu den ortsansässigen adligen Familien, zu deren bevorzugtem Begräbnisplatz die Johanniterkirche wurde. 1534 schloss der nunmehr protestantische Rat der Stadt die Kirche für den katholischen Gottesdienst und setzte 1543 einen evangelischen Pfarrer an St. Johann (und Gottwollshausen) ein. Nun fanden hier evangelische Gottesdienste statt, bis die Kirche 1812 säkularisiert wurde und an das Königreich Württemberg fiel. 1816 erwarb die Stadt das Anwesen vom Königreich. Der Kirchenraum diente als Lagerraum und war ab 1846 die erste städtische Turnhalle. 1950 wurde sie als Kultursaal neu gestaltet und unter anderem als Probenraum für die städtischen Festspiele genutzt.

Im Jahre 2004 verkaufte die Stadt das Gebäude an die Würth-Gruppe. Umfängliche Restaurierungs- und Sanierungsmaßnahmen des neuen Eigentümers ermöglichen die heutige Nutzung als Ausstellungshaus für die hochkarätigen Alten Meister der Sammlung Würth. Ein behutsam geplanter Erweiterungsbau des Stuttgarter Architekten Erich Fritz, der das historische Gebäude respektiert, organisiert die Zugangsfunktionen (▶ S. 11). Seit dessen Wiedereröffnung im November 2008 besuchten rund 300.000 Besucher das alte Kirchengebäude.

Nachdem Holbeins Madonna des Baseler Bürgermeisters Jacob Meyer zum Hasen, zweifelsohne eines der bedeutendsten Gemälde des 16. Jahrhunderts, für die Sammlung Würth gewonnen werden konnte, wurde ich gefragt, ob ich nicht befürchte, eine »katholische Besonderheit« wie die Schutzmantelmadonna könne in einer so stark reformatorisch geprägten Stadt wie Schwäbisch Hall auf manchen befremdlich wirken. Meine Antwort war, dass wir hier außer zur Kunst selbstverständlich niemanden bekehren werden. Als Museum ist unsere Aufgabe das Sammeln, Bewahren, Forschen, Ausstellen und Vermitteln. Werke derartigen Rangs in einem Gebäude von solcher Schönheit erfüllen, das ist meine Erfahrung, unsere Besucher von nah und fern mit großer Freude.

Als gebürtige und überzeugte Hallerin bin ich froh und glücklich, die Wiedergeburt der Johanniterkirche, wenn auch unter neuer Nutzung, nicht nur miterleben, sondern auch mitgestalten zu können. Um es in den Worten Johannes Brenz' zu sagen: »Was fromme Andacht geschaffen hat, sollen Menschen nicht zerstören!« ●

> ▶ **C. SYLVIA WEBER**
> ist seit 2001 Leiterin
> der Kunsthalle Würth
> in Schwäbisch Hall und
> seit 2008 auch des
> Ausstellungshauses
> Johanniterkirche.

Die Synagogenvertäfelung von Unterlimpurg

Eine einzigartige Malerei aus dem 18. Jahrhundert

VON ARMIN PANTER

Die sich umschlingenden Störche

Die Synagogenvertäfelung von 1738/39 aus Schwäbisch Hall/Unterlimpurg zählt zu den bedeutendsten Judaica Deutschlands, ja ganz Europas. Dabei war das Leben für Juden in Hall oft mit unvorstellbarem Leid verbunden. Als sich zum Beispiel in den Jahren 1348/49 die Pest wie ein Lauffeuer verbreitete, führte dies auch in Hall zu brutalen Ausschreitungen gegen Juden, denen die Schuld an der Seuche angelastet wurde. »Brunnenvergiftung« lautete der Vorwurf. Man trieb die Haller Juden in einen Turm und verbrannte sie bei lebendigem Leib. Nur wenige konnten rechtzeitig entfliehen.

Im frühen 16. Jahrhundert, schon vor der Ankunft von Johannes Brenz, wies Hall wie die meisten Reichsstädte seine Juden aus. Es begann die Zeit des Landjudentums. Erst Ende des 17. Jahrhunderts ließ der Magistrat Schutzjuden, in der Regel zwei Familien, gegen Bezahlung in der »Vorstadt« Unterlimpurg (▸ S. 60) zu. Der Viehhändler Moses Mayer Seligmann († 1745), der Stifter der Synagoge, besaß dort ein Haus. Spätestens seit 1718 war darin ein Betraum eingerichtet, denn in diesem Jahr wurde ein Gutachten erstellt, das die Bedingungen für die Tolerierung eines regelmäßigen Gottesdienstes festlegte. 20 Jahre später, 1738/39, bemalte Elieser Sussmann, Sohn des Schlomer Katz aus Brody (Ukraine, damals zu Polen gehörend), die Vertäfelung im Dachgeschoss des Hauses. Von ihm wurden im fränkischen Raum zwischen 1730 und 1740 noch weitere Synagogen ausgemalt: die 1938 zerstörte Scheunensynagoge von Bechhofen bei Feuchtwangen (1732), die Synagogen von Colmberg bei Ansbach (vermutlich um 1730), Horb am Main (1735), Stein-

bach (1737/38) und Kirchheim bei Würzburg (1739/40).

Die Vertäfelung war, wie bei Synagogen in Privathäusern üblich, im Dachstuhl eingebaut, damit sich über dem sakralen kein profan genutzter Raum befand. Weil das Haus nicht auf rechtwinkligem Grundriss errichtet worden war, standen die beinah vier Meter langen Wände rautenförmig mit Winkeln von 98° bzw. 82° zueinander.

Die männlichen Besucher traten im Westen ein und konnten sich auf Bänken niedersetzen, die ringsum an den Wänden standen. Die Frauen indes mussten von außen dem Gottesdienst beiwohnen, indem sie durch Öffnungen in der Südwand schauten. Im Osten stand der Toraschrein, ein umgebauter Schrank, der die Schriftrolle barg. Sie wurde bei jedem Hauptgottesdienst zur Verlesung auf das Lesepult (Bima) gelegt. Derjenige, der die Tora aus den Schrein nahm, konnte auf die Südwand blicken und fand dort das Gebet, das er dazu sprechen musste. Die Wände waren nämlich im oberen Viertel mit Gebeten beschriftet. Im Bereich darunter überwog das Ornament. Wo die Bänke standen, verzichtete man auf Bemalung.

Die Decke, geschmückt mit 15 von Pflanzen umrankten Medaillons mit überwiegend Tierdarstellungen, birgt noch viele Geheimnisse. Manche der Motive lassen sich schon in antiken Synago-

Die Vertäfelung der Unterlimpurger Synagoge, bemalt von Elieser Sussmann, 1738/39

gen nachweisen. Möglicherweise sollen die unterschiedlichen Pflanzen und Tiere die Vielfalt der Schöpfung vorstellen. Sicherlich besitzen sie darüber hinaus auch symbolische Bedeutung. Zunächst meint man, den Zodiak (Tierkreis) zu erkennen: So sind Stier, Fisch, Löwe und Pfeil mit Bogen zu sehen; freilich fehlen die restlichen Tierkreiszeichen. Ebenso wenig sind alle Tiere dargestellt, die die Stämme Israels verkörpern. Manche Motive scheinen der westlichen Ikonographie zu entstammen, andere lassen sich aus der jüdischen Tradition erklären: Der

Wolf z. B. mit der Gans im Rachen steht in der jüdischen Symbolik für jene Feinde, die das Volk Israel vernichten wollen; das hebräische Wort »Chassida« für Storch bedeutet auch die Gute, die Fromme. Gemäß dem Talmud ist der Storch zu seinen Kindern und Artgenossen besonders gut und hilfreich. Die sich umschlingenden Störche stehen somit als Zeichen für selbstlose Liebe und Frömmigkeit.

Es ist äußerst schwierig, einen Schlüssel zur Deutung der Deckenbilder zu finden, zumal der Maler Sussmann aus dem

Osten kam und den dortigen Traditionen verhaftet war. •

▶ Die Vertäfelung ist zu besichtigen im Hällisch-Fränkischen Museum in Schwäbisch Hall. Dort befindet sich auch die Vertäfelung aus Steinbach, die ebenfalls von Sussmann gemalt wurde

Grabsteine auf dem jüdischen Friedhof.
Auf dem mittleren Stein ist die Fassade
der Steinbacher Synagoge abgebildet

Letzte Spuren jüdischen Lebens

VON JOACHIM HAHN

Die Sorge um die Toten und die Einhaltung der Totenruhe gehören zu den wichtigsten Aufgaben einer jüdischen Gemeinde. So lag auch den in Steinbach aufgenommenen Juden an der Einrichtung eines Begräbnisplatzes. Da der Erwerb von Grundstücken für Juden bis weit ins 19. Jahrhundert hinein nicht möglich war und die meisten Ortsherrschaften die Anlage jüdischer Friedhöfe nicht gestatteten, blieb den Juden lange Zeit nichts anderes übrig, als ihre Toten teils über weite Strecken zu Friedhöfen zu transportieren, auf denen sie gegen Bezahlung hoher Abgaben beigesetzt werden konnten. Bis 1747 wurden die in Steinbach verstorbenen Juden in

Schopfloch, danach in Braunsbach beigesetzt. Erst 1809 konnte in Steinbach ein eigener Friedhof angelegt werden, auf dem in der Folgezeit die Steinbacher, Unterlimpurger und schließlich auch die Haller Juden beigesetzt wurden. Einer der interessantesten Grabsteine wurde für den Erbauer der Steinbacher Synagoge, den Aron, Sohn des Naftali, errichtet, der 1817 verstarb. Auf dem Grabstein ist die Fassade der 1809 vollendeten Steinbacher Synagoge (▸ S. 66) abgebildet.

Der Friedhof wurde in der NS-Zeit schwer geschändet und weitgehend zerstört. Nicht einmal die Hälfte der Grabsteine blieb erhalten. Ein Teil der Grabsteine steht seit der Herrichtung

des Friedhofes nach 1945 nicht mehr am ursprünglichen Ort. Die noch vorhandenen stammen aus den Jahren 1810–1939. Von den Nachkommen der Familie Flegenheimer wurde nach 1945 ein gemeinsamer Gedenk-Grabstein an Stelle von 13 zerstörten Grabsteinen neu errichtet. Ein 1947 errichtetes Denkmal erinnert an Juden, die im Konzentrationslager Hessental bei Schwäbisch Hall (einem Außenkommando von Natzweiler im Elsass) (▸ S. 84) ermordet und später auf dem Friedhof beigesetzt wurden.   •

▸ **DR. JOACHIM HAHN**
ist evangelischer Pfarrer in Plochingen und Autor vieler Publikationen zur Geschichte der Juden in Südwestdeutschland.

....

▸ **WEITERFÜHRENDE LITERATUR**
Heinrich Kohring, Der jüdische Friedhof in Schwäbisch Hall Steinbach, Schwäbisch Hall 1996

Die Mevlana-Moschee

Toleranz um des Glaubens willen ...

VON AYDIN CELIK

 Islam« bedeutet Hingabe an Allah, die den Willen zu Frieden und Toleranz einschließt. Der Islam nimmt jeden Muslim in die Verantwortung und fordert von ihm, der Gesellschaft, in der er lebt, von Nutzen zu sein. Jeder Gläubige ist in der Pflicht, die Rechte der anderen zu achten und zu wahren. Dazu gehören vor allem das Grundrecht auf Leben, die Meinungs- und Glaubensfreiheit. Abweichenden Meinungen, Glaubensinhalten oder einem unschönen Verhalten soll man freundlich begegnen. So heißt es im Koran: »Rufe zum Weg deines Herrn mit Weisheit und schöner Ermahnung, und streite mit ihnen in bester Weise. Denn dein Herr weiß sehr wohl, wer von Seinem Weg abirrt, und Er weiß sehr wohl, wer auf dem rechten Weg ist« (Sure An-Nahl, 16/125).

2004 wurde in Schwäbisch Hall die Mevlana-Moschee erbaut. Sie wurde von dem Architekten Wolfgang Kuhn fertiggestellt – mit großer Unterstützung durch Oberbürgermeister Pelgrim. Die Mitglieder der Moschee in Schwäbisch Hall engagieren sich ganz besonders für Integration. Während in anderen Städten die Tore nach den Gebetszeiten geschlossen werden, ist die Mevlana-Moschee von morgens bis abends für jedermann geöffnet. Um Vorurteile in der Haller Bevölkerung abzubauen, werden Moscheeführungen angeboten, und es wird regelmäßig zur »Kirmez« mit Buffet und Tanz eingeladen. Im Moschee-Laden sind typisch türkische Lebensmittel erhältlich.

Die Moschee in Schwäbisch Hall

Ein Gotteshaus entwerfen zu dürfen, das gehört zu den vornehmsten Aufgaben eines Architekten. Die Aufgabe, eine Moschee in Schwäbisch Hall zu bauen, war für mich ein besonderer Glücksfall. Sie erforderte es, in einen anderen Kulturkreis nicht nur hineinzuschauen, sondern sich im Rahmen der Bauaufgabe auch intensiv mit ihm auseinanderzusetzen. Meine Arbeitsweise, alle Beteiligten so gut wie möglich am Entstehungsprozess zu beteiligen, war gerade bei dieser besonderen Bauaufgabe günstig. Wir wollten alle gemeinsam eine Moschee mit ihren typischen Erkennungszeichen schaffen, aber zugleich den Bezug zum »Ort«, zu Schwäbisch Hall herstellen.

Eine besondere Herausforderung war dabei das Baugrundstück, das sehr exponiert an einer der großen Stadteinfahrten liegt. Diese Lage spiegelt auch den Stellenwert wider, den die Stadt diesem Bauvorhaben gegeben hat. Die Ausführung der Bauarbeiten und die ganze Detailgestaltung sind geprägt von der Eigenleistung der Moscheegemeinde. Dass bedeutet keineswegs unzulängliche Laienbauweise, sondern – im Gegenteil – geradezu höchstwertige Bauausführung, der man die Freude und den Stolz auf das Mitwirken ansieht. Dies erlebt zu haben, ist für mich die nachhaltigste Erinnerung an die Planungs- und Bauzeit der Haller Moschee. •

▶ WOLFGANG KUHN
ist freier Architekt in Schwäbisch Hall.

Ebenso lud die Mevlana-Moschee gemeinsam mit dem Hällisch-Fränkischen Museum, der Evangelischen Kirche und der Volkshochschule zur Ausstellung »Kommt zusammen! Moschee, Kirche, Synagoge« ein, die im Winter 2012/2013 in Schwäbisch Hall gezeigt wurde: Sie führte in Glauben und Leben der drei Weltreligionen ein. Bilkay Öney, Ministerin für Integration des Landes Baden-Württemberg und türkischer Herkunft, betonte in ihrem Grußwort zur Ausstellungseröffnung die besondere Bedeutung solcher Integration stiftender Projekte: »auch in der heutigen Zeit sind Glaube und Religion für viele Menschen immer noch wesentliche Merkmale ihres Lebens und ihrer Persönlichkeit. Wichtig ist, dass Religionsfreiheit automatisch mit dem gegenseitigen Toleranzgebot einhergehen kann, soll und muss ... Die Freiheit, die ich für mich selbst in Anspruch nehme, muss ich auch anderen zugestehen. Wichtigste Grundlage für diese notwendige Toleranz ist das Wissen um die anderen Religionen und Kulturen.« •

▶ AYDIN CELIK
ist Vorsitzender der Türkisch Islamischen Union für religiöse Angelegenheiten e. V. DITIB Mevlana-Moschee in Schwäbisch Hall.

KIRCHLICHES ENGAGEMENT HEUTE

Aus der Verfolgung von Juden und Behinderten während der Nazizeit in Schwäbisch Hall haben die Kirchen gelernt, Verantwortung für Minderheiten zu übernehmen. Das christliche Erbe fordert, wie Johannes Brenz gezeigt hat, Toleranz und diakonisches Engagement.

In Verantwortung für die Anderen und mit den Anderen

Toleranz heute in Schwäbisch Hall
—

VON ANNE-KATHRIN KRUSE

Johannes Brenz hat in seiner Zeit Toleranz vorgelebt, als es das Wort noch gar nicht gab. Dennoch ist die Geschichte der Kirche seit der Reformation nicht eben eine Erfolgsgeschichte gelebter Toleranz. Auch in Schwäbisch Hall wurde die Synagoge am 9. November 1938 verwüstet und angezündet, wurden jüdische Bürger erst boykottiert, später vertrieben, am Ende in den Konzentrationslagern ermordet.

Auch in Schwäbisch Hall wurden Menschen zwangssterilisiert, weil sie im Sinne des nationalsozialistischen Menschenbildes als »minderwertig« beurteilt oder einfach als sozial auffällig angesehen wurden. Psychisch Kranke wurden – trotz der Bemühungen seitens der Leitung der Evangelischen Diakonissenanstalt, ihre Patienten zu retten – systematisch ausgesondert und nach Grafeneck auf der Schwäbischen Alb in den Tod geschickt (▶ S. 91).

Am Bahnhof in Hessental nahe Schwäbisch Hall erinnert eine Gedenkstätte an das »Konzentrationslager Hessental«, das die »Vernichtung durch Arbeit« zum Ziel hatte. Über 800 Gefangene, meist polnische Juden, mussten hier Sklavenarbeit in Steinbrüchen, Gewerbebetrieben und in der Landwirtschaft leisten und wurden beim Bau von Bunkern und zur Beseitigung von Bombenschäden auf dem Fliegerhorst eingesetzt. Sie waren der Willkür ihrer Bewacher und deren sadistischen Quälereien und Misshandlungen ausgeliefert. Viele starben an Unterer-

Gedenkstätte für das
»Konzentrationslager Hessental«

◀ S. 82
Der Neubau des Brenzhauses, 1969

nährung und Erschöpfung oder durch Erschießung. Nach Räumung des Lagers am 5. April 1945 trieb die SS die völlig entkräfteten Menschen auf dem »Hessentaler Todesmarsch« zu Fuß nach Südosten Richtung Dachau. Nur wenige erlebten die Befreiung durch die Amerikaner.

Das alles darf nicht vergessen werden, wenn wir uns jetzt auf das Jubiläumsjahr 2017 vorbereiten und der 500 Jahre seit der Reformation gedenken. Denn was für die Geschichte gilt, ist leider auch in der Gegenwart nicht überwunden. Es gibt zu denken, dass immer noch rechtsextreme Einstellungen verbreitet sind oder wieder propagiert werden. Ja, dass bei Kirchenmitgliedern fremdenfeindliche Äußerungen statistisch häufiger anzutreffen sind als bei Nichtkirchenmitgliedern. Es gehört zu christlicher Glaubwürdigkeit, diese dunkle Seite der Reformation nicht zu verschweigen. Wir sind also noch auf dem Weg. Die notwendige Lerngeschichte dauert noch an.

Gibt es aber heute Toleranz, auch in religiösen Fragen? Sicherlich, viele halten sich für tolerant, aber nur, solange der Glaube Privatangelegenheit bleibt. Sobald Menschen aus ihrer religiösen Überzeugung heraus an öffentlichen Debatten teilnehmen, hört die Toleranz auf. Es gibt eine Tendenz, Religionen im Namen der Toleranz als rückständig, als nicht auf der Höhe der Zeit angekommen zu etikettieren. Religiöse Toleranz ist das aber gerade nicht.

Einen Hinweis auf die Bedeutung von »Toleranz« gibt der lateinische Ursprung »tolerare«, was *dulden, ertragen, aushalten* bedeutet. Die Anerkennung des Anderen, Fremden kostet mich also zunächst etwas, bereitet mir Mühe, weil seine oder ihre Überzeugungen und Interessen meinen zuwiderlaufen.

Auch in Schwäbisch Hall ist es nicht immer einfach, das Brenzhaus (▸ S. 88) für alle – auch für die an den Rändern der Gesellschaft – offenzuhalten. Doch nur so kommen Menschen zusammen, die sonst nie in Kontakt miteinander kämen. Es erfordert Umsicht und Respekt, wenn zum Beispiel gesunde und behinderte Erwachsene miteinander lernen. Aber wenn ich mich darauf einlasse, entdecke ich mit einem Mal im Fremden Kompetenzen, die mir selbst fehlen. Was ist »normal«? Was ist »anders«? Wie viel Anderssein vertragen wir? Das Gegenteil von Toleranz ist nicht Intoleranz, sondern Angst um die eigene Identität.

Und so ist Toleranz auch kein Selbstzweck. Sie ist mehr als ein Hinnehmen dessen, was ich sowieso nicht ändern kann. Mehr als ein Erdulden anderer Menschen mit ihrer fremden Herkunft, Sprache und Religion, mit ihren anderen Lebensgewohnheiten. Mehr als ein Erdulden von Menschen mit einer anderen sexuellen Orientierung. Toleranz geht auf die Anderen zu, will sie kennen und verstehen lernen. Sie will gestaltet werden in Verantwortung für die Anderen und mit den Anderen.

Ein Verzicht der Kirchen, Religionsgemeinschaften und Weltanschauungen auf öffentliche Teilhabe an der Gesellschaft würde eine tolerante Lebenshaltung also nicht fördern. Im Gegenteil, erst die Begegnung, das öffentliche Gespräch über ethische Fragen, ermöglicht Toleranz. Es kann Verantwortlichen in Politik, Wirtschaft und Gesellschaft nicht

gleichgültig sein, ob Bürgerinnen und Bürger aus ihren Glaubensüberzeugungen heraus ethische Maßstäbe für ihr Leben entwickeln und welche Maßstäbe dies sind. Das setzt aber voraus, dass ich meinen eigenen Glauben kenne. Dass ich darin beheimatet bin. Manchmal regt schon das Gespräch mit Juden und Muslimen dazu an, nach dem eigenen Glauben zu fragen, ihn neu zu entdecken und zu verstehen. Toleranz – das heißt, ohne Angst um sich selbst die Wahrheit des Anderen respektieren. »Ein jedes Volk wandelt im Namen seines Gottes, aber wir wandeln im Namen des Herrn, unseres Gottes« (Micha 4,5). ●

Der in das Straßenpflaster des Marktplatzes eingelassene Davidstern erinnert an die Nacht vom 9. auf den 10. November 1938, als nicht nur die Synagoge in Steinbach (▸ S. 66) brannte, sondern auch Kultgegenstände, Möbel und Bücher aus dem jüdischen Betsaal in Schwäbisch Hall auf dem Marktplatz verbrannt wurden.

▸ **ANNE-KATHRIN KRUSE**
  ist Dekanin des Kirchenbezirks Schwäbisch Hall.

Haller Freiheiten

Erinnerungen eines Schülers

—

VON ERHARD EPPLER

Erhard Eppler

Im schwäbischen Hall spürt man heute noch, dass hier über ein halbes Jahrtausend keine Fürsten regiert haben. Die Freie Reichsstadt regierte sich selbst. Der Kaiser war weit weg, und er hatte nicht einmal ein Telefon. Er griff nur ein, wenn er von der Stadt angerufen wurde, und das hatte Monate, oft Jahre Zeit. Man begegnete den Regierenden auf der Straße, zog den Hut und sagte dem Nachbarn, was man von ihm hielt.

Was der Ulmer Oberbürgermeister an jedem Schwörmontag beschwören muss, dass er allen »ein gemeiner Mann« sein wolle, gilt auch für Hall. Ein Haller Oberbürgermeister darf energisch, zielstrebig, ja dominant sein – hochnäsig darf er nicht sein. Wenn er einmal als tüchtig gilt, dann behalten ihn die Haller, gleich, von welcher Partei er kommt. Das Haller Stadtoberhaupt hat nie eine Mehrheitsfraktion hinter sich, denn das gibt es in Hall nicht. Für jedes Projekt muss der Oberbürgermeister sich seine Mehrheit erst suchen. Das färbt ab auf den Umgang miteinander: Wer allzu offensichtlich sein Parteisüppchen kocht, isoliert sich.

Auswärtige haben sich darüber gewundert, dass die Haller noch 1945 denselben Bürgermeister hatten, den sie in der Weimarer Republik demokratisch gewählt hatten. Natürlich musste der irgendwann der NSDAP beitreten, natür-

lich durfte der sich häufig über den Kreisleiter ärgern, der mächtiger war als er, aber er konnte bleiben. Und die Haller konnten zu ihm kommen wie vorher auch. Die Stadtverwaltung arbeitete weiter wie vorher auch, selbst wenn »die Partei« gelegentlich dreinredete.

An dem Gymnasium, in das ich ging – damals hieß es Oberschule –, lehrten nicht wenige Studienräte, von denen wir

Noch heute spürt man, dass hier über ein halbes Jahrtausend keine Fürsten regiert haben.

Schüler genau wussten, wie wenig sie von den NS-Herren hielten. Keiner ist je aus politischen Gründen verschwunden. Keiner wurde jemals von seinen Schülern denunziert. Dass der spätere Kultusminister Baden-Württembergs, Gerhard Storz, 1935 als Studienrat nach Hall geschickt wurde, hatte mit dem – für die NS-Verhältnisse – relativ toleranten Klima in Hall zu tun. Storz, der uns Schüler auf seine Weise wissen ließ, was er von den Nazis hielt, hat in seinen Erinnerun-

gen selbst davon gesprochen, wie in seinem Deutschunterricht in der Oberstufe – und da gab es keine Konzessionen an die Partei – die Fähnleinführer des »Jungvolks« mitarbeiteten, manche froh, auch einmal etwas anderes zu hören. Erst im Oktober 1944 musste ein befreundeter Stabsoffizier dafür sorgen, dass Storz zur Wehrmacht eingezogen und damit dem Zugriff der – überregionalen – Gestapo entzogen wurde. Man mag es für einen schlechten Scherz halten, dass der Kreisleiter der NSDAP, der wie ein Duodezfürst (absolutistischer Herrscher eines Kleinstaates) seine Gnade und Ungnade hatte walten lassen, nach dem Krieg wieder in den Schuldienst kam. Das mochte gegen die »Entnazifizierung« sprechen. Doch von einem ähnlichen Fall habe ich nirgends gehört. Dafür hat mir der frühere jüdische Religionslehrer erzählt, er habe 1936 für ein Zionistentreffen in Zürich beim Landratsamt keinen Pass bekommen. Daraufhin sei er zum Kreisleiter der NSDAP (!) gegangen, und der habe für den Pass gesorgt. •

▶ **DR. ERHARD EPPLER**
war führender Politiker der SPD und von 1968 bis 1974 Bundesminister für wirtschaftliche Zusammenarbeit. Nach seinem Rückzug aus der Politik war er für die Evangelische Kirche in Deutschland aktiv und u. a. Präsident des Deutschen Evangelischen Kirchentages.

Die Arbeitsgemeinschaft Christlicher Kirchen (ACK)

Gemeinsam Toleranz lernen

VON RICHARD HAUG

Die Arbeitsgemeinschaft Christlicher Kirchen in Schwäbisch Hall und Umgebung wurde 2001 gegründet. Sie »fördert die Einheit der christlichen Gemeinden am Ort und macht ihre Verbundenheit in Zeugnis und Dienst sichtbar«, heißt es in der Satzung.

Inzwischen ist das gegenseitige Vertrauen gewachsen, nicht zuletzt durch viele gemeinsame Gottesdienste. Als 2006 das 850-jährige Jubiläum der Michaelskirche und der Stadt gefeiert wurde, wurden die zentralen Gottesdienste und Veranstaltungen von der ACK getragen. Das förderte das Bewusstsein, dass die Michaelskirche nicht nur eine Kirche der Reformation ist, sondern dass sie vorher jahrhundertelang Gotteshaus für alle Menschen in Hall war.

Die ACK greift auch gesellschaftliche Themen auf. So organisierte sie zum Beispiel eine Veranstaltung mit Workshops: »Der soziale Wandel – eine Herausforderung an die Kirchen«. Daraus entstand eine Gruppe von Schuldnerbegleiterinnen und -begleitern, die in Zusammenarbeit mit dem Schuldnerberater des Landkreises Menschen unterstützen, die in schwierige finanzielle Situationen geraten sind.

Die ACK initiierte in den letzten Jahren Friedensgebete in der Michaelskirche aus aktuellen Anlässen. Das Friedensgebet am 6. März 2004 trug dazu bei, dass

fast 2000 Bürgerinnen und Bürger einen Marsch der Rechtsradikalen auf den historischen Marktplatz von Hall verhinderten – unter dem Motto »bunt, friedlich, weltoffen«.

Ein weiterer Schwerpunkt sind Kontakte zur Moscheegemeinde (DITIB). Als 2005 Rechtsradikale gegen den Bau der Moschee marschierten, trafen sich Christen und Muslime an der Michaelskirche. Nach einer Ansprache des Imams und von mir als Dekan zogen wir gemeinsam zur Baustelle, um dort nach einer Rede des Oberbürgermeisters miteinander zu feiern. Als bald darauf die Moschee eingeweiht wurde (▶ S. 81), war ich als Dekan eingeladen, ein Grußwort für die Christen zu sprechen.

Auch kritische Themen werden nicht ausgeklammert. Als es 2005 nach der Veröffentlichung von Mohammed-Karikaturen weltweit zu Ausschreitungen von Muslimen gegen Christen kam, trafen sich die Repräsentanten der Moscheegemeinde mit Vertretern der ACK; es wurde eine gemeinsame Presseerklärung veröffentlicht, in der beide Seiten betonten, dass die Auseinandersetzungen um die Karikaturen in keiner Weise Gewalt gegen Andersgläubige rechtfertigen.

Anlässlich der 65. Wiederkehr der Reichspogromnacht im Jahr 2003 beschloss die ACK eine »Erklärung zum Verhältnis von Christen und Juden in Schwäbisch Hall«. Sie beginnt mit den

Worten: »Betroffen stellen wir fest, dass Christen unserer Stadt und Region in früheren Zeiten vielfach schuldig geworden sind in ihrem Verhältnis zu Juden. Christen und ihre kirchlichen Vertreter haben zugelassen – in manchen Fällen sogar gefordert –, dass Juden auf unwürdige und ehrverletzende Weise vom Leben, Wohnen und Arbeiten in der Stadt Hall ausgegrenzt wurden.«

Nicht zuletzt fördert die ACK religiöse Bildung. So führte sie zusammen mit der Volkshochschule die Veranstaltungsreihe »Basics des Christseins« durch. Bildung ist eine ureigene Aufgabe der Kirche. Tolerant können wir nur sein, wenn wir in der eigenen Glaubenstradition beheimatet sind, sie im Gespräch mit Anderen kommunizieren können und dabei Verständnis für Andere gewinnen. Toleranz lebt davon, dass das Eigene ins Spiel kommt, ohne dabei abgrenzend zu wirken.

Schon Johannes Brenz hat sich in der Zeit des konfessionellen Streits um Verständigung bemüht, ohne die eigene Position aufzugeben. Wir versuchen heute unter anderen Umständen dieses Erbe weiterzuentwickeln. ●

▶ **RICHARD HAUG**
war von 2000 bis 2011 Dekan in Schwäbisch Hall und 2001 Mitbegründer der dortigen ACK.

Das Brenzhaus

Begegnungs- und Bildungshaus
der Kirche in der Stadt
—

VON CHRISTOPH BAISCH

Brenzbüste, geschaffen von dem Stuttgarter Bildhauers Gäckle
für das Hauptportal des alten Brenzhauses. Heute steht sie in dem
kleinen Hof neben dem neuen Haus.

Z entral in der Stadt, direkt am Kocher gelegen, verkörpert das Brenzhaus nicht nur das Gedenken an den Haller Reformator, sondern auch die Aufnahme seiner zentralen Anliegen in der heutigen Zeit. Denn in diesem »Haus der Kirche in der Stadt« sind Bildungsangebote, diakonische Hilfe und das vielfältige Leben der Kirchengemeinde unter einem Dach vereint. Hier treffen Chorsänger auf Mitglieder diakonischer Selbsthilfegruppen; Kopftuch tragende Migrantinnen auf dem Weg zum »Brenzlädle« mit preiswerten Second-Hand-Kleidern begegnen den Konfirmanden oder Müttern, die Kurse der Erwachsenen- und Familienbildung besuchen; Verwaltungsgremien hören die Kinder vom Kinderchor singen; Jugendliche, die sich oben im Haus beim Jugendwerk treffen, stehen gemeinsam mit den Damen vom Seniorenkreis im Aufzug; und Paare, die beim Pfarramt eine Trauung anmelden, sehen Erzieherinnen, die sich im Schuldekanat pädagogische Literatur ausleihen. Die Vielfalt christlicher Lebensäußerungen in einem Haus sowie die diakonische Offenheit für die Menschen in der Stadt sind Programm – und Johannes Brenz steht Pate dafür.

Seine Büste in dem kleinen Hof neben dem Haus erinnert an das erste Brenzhaus, das 1899–1901 anlässlich des 400. Geburtstags des Reformators an der gleichen Stelle von einem evangelischen Verein mit Unterstützung der Landeskirche errichtet wurde. Mittlerweile musste das alte Brenzhaus einem Neubau weichen (1969) und der wurde grundlegend saniert (2008) – aber der Geist des Reformators mit seiner weiten Perspektive des tätigen Glaubens ist nach wie vor lebendig. ●

▶ **CHRISTOPH BAISCH**
ist Pfarrer der Kirchengemeinde St. Michael und St. Katharina.

◀
Das alte Brenzhaus an der Mauerstraße,
errichtet 1899–1901, abgerissen 1969

Der Freundes-kreis Asyl

Toleranz gegenüber Flüchtlingen

—

VON HARALD HUBER

Als vor 25 Jahren immer mehr Asylsuchende (damals hauptsächlich aus dem Kosovo) nach Schwäbisch Hall kamen, bildete sich der »Freundeskreis Asyl« – ein Zusammenschluss engagierter Menschen aus verschiedenen gesellschaftlichen Gruppen – mit dem Ziel, den Flüchtlingen persönlich zu helfen und für Toleranz ihnen gegenüber zu werben. Es gab viel zu tun, denn unter den 600 Flüchtlingen, die in den ehemaligen amerikanischen Militärkasernen Camp Dolan in Hessental untergebracht wurden, waren viele Kinder. Jeden Dienstagnachmittag machten sich Haller Frauen auf den Weg in das Camp, um mit den Kindern zu spielen und zu basteln. Die Kinder wurden aus der Isolation des Lagers herausgeholt, zum Beispiel zu einem Stadtbummel. Als »Dolan Spatzen« machten sie beim Hessentaler Straßenfest im Festzug mit.

Der Freundeskreis ist seitdem immer tätig geblieben. Er beschränkte sich nicht nur auf das Sammeln von Spenden, um Haller Flüchtlingen in ihrer Armut zu helfen, sondern organisiert Deutschunterricht, Nachhilfe für die Schulkinder, eine Kleiderkammer und immer wieder auch gesellige Feste. Ein großer Teil der praktischen Arbeit besteht in der Begleitung der Flüchtlinge zu Ärzten, Ämtern oder zum Verwaltungsgericht in Stuttgart.

1996 gewann der Freundeskreis den Integrationspreis des Landkreises, der für Verständnis, Hilfsbereitschaft, Mitmenschlichkeit und die Freundschaft zwischen Deutschen und Ausländern vergeben wird. Noch heute macht das Mut für die Zukunft.　●

▶ **HARALD HUBER**
  leitet den Freundeskreis Asyl.

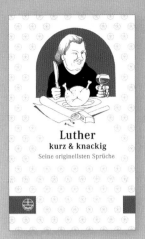

Zusammengestellt von
Gundula Dittrich mit
Illustrationen von Mathias Wedel

Luther kurz & knackig
Seine originellsten Sprüche

56 Seiten | 11 x 18 cm | zahlr. Abb.
Hardcover
EUR 9,80 [D]
ISBN 978-3-374-02405-6

Sie meinen, Sie kennen Martin Luther? Den Theologen, den Reformator, den Bibelübersetzer? Aber kennen Sie auch den Familienvater, den Ehemann und den Freund Martin Luther? Den Luther, der mit spitzer Zunge und scharfem Verstand seine Zeitgenossen und den damaligen Zustand von Kirche und Gesellschaft in den Blick nahm? Dieses Geschenkbuch vereint die frechsten, tiefsinnigsten, lebenslustigsten und knackigsten Luther-Sprüche - von scharfer Kritik gegen den Papst bis hin zu deftigen Aussprüchen über das Feiern oder die Liebe.

Bettine Reichelt (Hrsg.)

**Gebete und Sprüche
Martin Luthers**

Mit Illustrationen
von Grit Zielinski

56 Seiten | 11 x 18 cm | 10 Abb.
Hardcover
EUR 6,80 [D]
ISBN 978-3-374-02650-0

»Herr, ich bin ein fauler Esel, darum komme ich, dass du mir hilfst und mein Herz entzündest.« So betete kein Geringerer als Martin Luther. Nie ist er zimperlich, aber immer ehrlich und herzlich. Da er sich über fast alles seine Gedanken macht, umfasst das Bändchen Gebete und Sprüche zu den Themen Liebe und Ehe, Reichtum, Freude und Musik, spart aber auch den Tod nicht aus. Luthers Bonmots treffen den Kern der Dinge und sind oft sehr aktuell.

EVANGELISCHE VERLAGSANSTALT
Leipzig　www.eva-leipzig.de

Telefon 03 41 7114116 · vertrieb@eva-leipzig.de

Das »Diak« in Schwäbisch Hall

Vom Diakonissenhaus bis Diakoniewerk

—

VON HANS-JOACHIM LENKE

Wer von Norden auf Schwäbisch Hall zufährt, wird am Ortseingang von einem langgezogenen Gelände am Hang mit vielen einzelnen Gebäuden und einem Hochhaus in der Mitte überrascht. Seit 1886 befindet sich hier das Stammgelände des heutigen Evangelischen Diakoniewerks Schwäbisch Hall, im Volksmund das »Diak« genannt.

Mich fasziniert immer wieder der große Mut der diakonischen Gründergestalten, die sich mit beschränkten finanziellen Mitteln, aber einem großen Herzen und einem ausgeprägten Empfinden für das Leid der Menschen der komplexen Aufgabe gestellt haben, eine diakonische Einrichtung aufzubauen. Diese Aufgabe musste geistlich und ökonomisch bewältigt werden. Das gilt heute gleichermaßen im Blick auf die Geschichte des Evangelischen Diakoniewerks Schwäbisch Hall, in der gute und schwere Zeiten, Phasen wirtschaftlicher Prosperität und große Herausforderungen wirtschaftlicher und ethischer Natur nebeneinander zu stehen kommen.

Anlass für die Gründung des Haller Diakoniewerks war der beklagenswerte Zustand der Kranken-, Armen- und Altenpflege im ländlichen Raum Nordwürttembergs. Pfarrer Hermann Faulhaber begann hier im Jahr 1886 ein flächendeckendes Netz von Gemeindediakoniestationen mit gut ausgebildeten Diakonissen aufzubauen. Das Krankenhaus diente der Ausbildung dieser Schwestern.

Anfänglich wurde der Dienst der Diakonissen skeptisch betrachtet. Aber schon bald erkannte man, welch wertvolle Arbeit diese engagierten und gut ausgebildeten Frauen leisteten, die im Auftrag Jesu Christi dem Nächsten dienen wollten.

Nach den krisenhaften Gründungsjahren gelang es Pfarrer Gottlob Weißer in seiner 30-jährigen Amtszeit als »Anstaltsleiter«, das Werk zu konsolidieren, die Tätigkeitsfelder auszuweiten und die Ausbildung nach Kaiserswerther Vorbild zu organisieren. In diesen Jahren wurde die Krankenpflegeschule gegründet und die Planungen für das Hochhaus, in dem das Krankenhaus seit 1937 untergebracht ist,

Diakonissen

In Deutschland wurde das erste Diakonissenhaus 1836 von Theodor Fliedner in Kaiserwerth errichtet. Diakonissen sind evangelische Frauen, die in einer Glaubens-, Lebens- und Dienstgemeinschaft zusammenleben. Sie erhielten ursprünglich für ihre Tätigkeit keinen Lohn, sondern wurden mit allem Notwendigen bis an ihr Lebensende versorgt. Nach einer ca. sechsjährigen »Probezeit« wurden sie eingesegnet.

Die erste Einsegnung in Schwäbisch Hall 1901.
Neben Pfarrer Gottlob Weißer steht seine Ehefrau Maria.

wurden vorangetrieben. Als neue Aufgabe kam die Betreuung von Menschen unterschiedlichen Alters hinzu, die geistig oder körperlich behindert waren.

Schon wenige Jahre später brachte die nationalsozialistische Schreckensherrschaft Bewohner und Mitarbeiter der Behindertenanstalt in eine kaum vorstellbare Lage. Der Rassenwahn und die Ideologie, dass es unwerte Formen des menschlichen Lebens gebe, führte zu einem menschenverachtenden, vielfach todbringenden Umgang mit Behinderten.

1934 trat das Gesetz zur »Verhütung erbkranken Nachwuchses« in Kraft. Abtreibungen aus eugenischen Gründen waren genauso vorzunehmen wie Zwangssterilisationen. 1940 beschlagnahmten die nationalsozialistischen Behörden die Haller Behindertenanstalt. Mit einem großen Kraftakt versuchten die Verantwortlichen, die 545 Bewohnerinnen und Bewohner vorher auf andere Häuser und Höfe des »Diak« zu verteilen. 270 Bewohner aber mussten den staatlichen Heilanstalten in Weinsberg und Göppingen überstellt werden, die für die meisten von ihnen nur als Zwischenstation dienten. 181 behinderte Menschen wurden 1940/41 in Grafeneck und Hadamar ermordet. Zeitzeugen tragen bis heute an der Last, nicht alle Bewohner vor dem Tod bewahrt zu haben.

Die Nachkriegsjahre waren durch einen tiefgreifenden Strukturwandel geprägt. Gab es 1950 noch 593 Diakonissen, nahm deren Zahl in der Folgezeit allmählich ab. Die Veränderung des Frauenbildes und die gesellschaftliche Gleichstellung der Frau waren Gründe für diese Entwicklung. Evangelische Frauen suchten nach neuen Formen, um den Mitmenschen zu dienen, auch in den bisher von Diakonissen geführten Anstalten. Schon 1968 wurde die Haller Schwesternschaft gegründet und auf diese Weise die Öffnung für diakonische Schwestern voll-

Das Gelände des Evangelischen Diakoniewerks Schwäbisch Hall, 2013

zogen. Ab 1975 wurde die Gemeinschaft auch für Männer geöffnet; sie trägt seit 2003 den Namen »Gemeinschaft der Haller Schwestern und Brüder«.

Für diakonische Unternehmen bedeutet es heute – unter den Bedingungen des Gesundheitsmarktes – eine große Herausforderung, Christi Auftrag zur Nächstenliebe konkret zu gestalten. Noch mehr als früher muss die Balance zwischen der wirtschaftlichen Zukunftsfähigkeit und dem diakonischen Auftrag immer wieder neu austariert werden. Beides ist jedoch gleichermaßen wichtig. Denn nur ein Unternehmen, das wirtschaftlich gesund ist, wird sich zukünftig um die Wahrung und Weiterentwicklung des diakonischen Profils bemühen können.

127 Jahre Unternehmensgeschichte in Schwäbisch Hall und im Hohenloher Land bilden eine wechselvolle Geschichte, in der das Bemühen um die Wahrnehmung des Auftrags Jesu Christi zur konkreten Gestaltung von Nächstenliebe erkennbar bleibt. Jede Generation hat unter den jeweiligen Rahmenbedingungen um dessen Ausgestaltung gerungen. Und in jeder Generation gibt es Licht und Schatten, Segen und Schuld. Aber der Auftrag Christi will nicht nur in einer idealtypischen, sondern in der konkret vorfindlichen Welt und unter deren Bedingungen Gestalt gewinnen – zur Ehre Gottes und zum Wohle des Nächsten. •

Haller Schwestern und Brüder

Zur Gemeinschaft der Haller Schwestern und Brüder gehören heute über 1000 Frauen und Männer verschiedenen Alters, unterschiedlichen Lebensstandes und verschiedener Berufsgruppen im »Diak«. Die Mitglieder wissen sich durch das Evangelium von Jesus Christus in die Diakonie gerufen. Die Gemeinschaft versteht sich als Impulsgeber und Rückgrat für die diakonische Identität. Aufgaben der Gemeinschaft sind speziell diakonische Aus- und Fortbildungen, Seminare, Gemeinschaftsveranstaltungen und seelsorgerliche Angebote.

▸ **HANS-JOACHIM LENKE**
  ist Pfarrer und seit 2011 Vorstandsvorsitzender des Evangelischen Diakoniewerkes Schwäbisch Hall.

Impressum

**SCHWÄBISCH HALL
ORTE DER REFORMATION**
Journal 10

Herausgegeben von
Anne-Kathrin Kruse und
Frank Zeeb

Die Deutsche Bibliothek verzeichnet diese Publikation in der
Deutschen Nationalbibliographie;
detaillierte bibliographische
Daten sind im Internet über
http://dnb.ddb.de abrufbar.

© 2013 by Evangelische
Verlagsanstalt GmbH · Leipzig
Printed in EU · H 7683

IDEE ZUR JOURNALSERIE
Thomas Maess, Publizist,
und Johannes Schilling,
Reformationshistoriker

**GRUNDKONZEPTION
DER JOURNALE**
Burkhard Weitz,
chrismon-Redakteur

COVERENTWURF
NORDSONNE IDENTITY, Berlin

COVERBILD
Jürgen Weller

LAYOUT
NORDSONNE IDENTITY, Berlin

BILDREDAKTION
Albert de Lange

ISBN 978-3-374-03236-5
www.eva-leipzig.de

DR. ALBERT DE LANGE,
verantwortlicher Redakteur
dieses Heftes

www.luther2017.de
www.elk-wue.de
www.kirchenbezirk-schwaebischhall.de

Bildnachweis

Archiv Würth: S. 77
Arslan, Ufuk: S. 8, 9, 44 links, 63,
64–65, 78
Bauer, Roland: S. 17, 24, 27 oben,
28 links, 28/29, 29
Bayerische Staatsbibliothek: S. 56
Berger, Ute Christine: S. 27 (Porträt)
Diakarchiv Schwäbisch Hall: S. 90, 91
Evangelisches Medienhaus/
Gottfried Stoppel: S. 93
iStockphoto: S. 28–29, 62–63
(Hintergründe)
Kern, Margit: S. 79
Kumpf, Hans: S. 62 (Porträt)
Kruse, Anne-Marie: S. 1, 84, 85
Kunz, Bernd: S. 81
Landeskirchliche Archiv Stuttgart:
S. 51
Landesmedienzentrum
Baden-Württemberg: S. 69
Ludwigsburg Museum: S. 32

Maurer, Rolf: 28 rechts
Sammlung Würth, Inv. 14910 (Foto:
Philipp Schönborn, München): S. 76
Schmidt, Leonard: S. 92 (Porträt)
Stadtarchiv Schwäbisch Hall: S. 3
(oben), 16 (2x), 18, 25, 30-31, 33 (2x),
34, 35, 36 links, 40, 54, 58–59, 60, 61
(2x), 66, 88 unten
Stadt Schwäbisch Hall: S. 11 (Porträt)
Weismann, Christoph: S. 43
Weller, Jürgen: S. 2 (2x), 3 (unten),
4–5, 6–7, 10 (2x), 11 (links), 12–13,
19, 20, 20/21, 21, 22, 23, 24/25, 26,
36 rechts, 42, 44 rechts, 45, 46–47,
48, 49, 50, 55, 67, 68, 70, 71, 72 (2x),
73 (2x), 74, 75 (2x), 80, 82–83, 86,
88 oben
Württembergische Landesbibliothek
Stuttgart: S. 38, 41, 52/53 (Cod. hist.
oct. 280, f. 1r), 57
Zeeb, Frank: S. 1